KB058451

런던에서 만난
도시의 미래

KI신서 9188

런던에서 만난 도시의 미래

과거와 현재가 공존하는 도시재생 이야기

1판 1쇄 발행 2020년 7월 8일
1판 3쇄 발행 2023년 1월 1일

지은이 김정후
펴낸이 김영곤
펴낸곳 (주)북이십일 21세기북스

인문기획팀장 양으녕 **교정교열** 김찬성
디자인 형태와내용사이
출판마케팅영업본부장 민안기
마케팅1팀 배상현 한경화 김신우 강효원
출판영업팀 최명열 김다운
e-커머스팀 장철용 권채영
제작팀 이영민 권경민

출판등록 2000년 5월 6일 제406-2003-061호
주소 (10881) 경기도 파주시 회동길 201(문발동)
대표전화 031-955-2100 **팩스** 031-955-2151 **이메일** book21@book21.co.kr

ISBN 978-89-509-8873-9 03100

런던에서 만난
도시의 미래

김정후 지음

과거와 현재가
공존하는
도시재생 이야기

차례

왜, 런던인가

런던은 도시재생의 출발지다. 18세기에 산업혁명이 시작된 이래로 런던은 발전을 거듭해 20세기에 번영의 정점에 도달했으나, 20세기 후반에 산업구조의 변화로 곳곳에서 쇠퇴가 발생했다. 화려한 도시의 이면에는 살 수도, 머무를 수도, 걸을 수도 없는 황폐한 장소들이 빠르게 늘어났다. 바로 이즈음에 쇠퇴한 도시 환경의 반전을 모색하기 위해 도시재생이 등장했다.

일반적으로 런던이 도시재생에 크게 성공한 것처럼 언급되지만 필자는 이에 동의하지 않는다. 런던은 20세기 후반부터 도시재생을 본격적으로 시행하면서 많은 실패를 겪었고, 그 과정에서 일부 성공적인 결과를 낳았을 뿐이다. 중요한 것은 혹독한 시련과 시행착오를 극복하는 일련의 과정이 유사한 상황에 직면한 도시들에 충분히 교훈적이라는 사실이다. 이것이 필자가 런던에 주목하는 분명한 이유다. 그러므로 이 책에서 선정한 10개의 대상은 성공한 사례라기보다 교훈적인 사례로 평가하는 것이 타당하다.

초기에 70여 개의 사례에서 출발해 최종 10개만을 선별했는데 전체적인 시간의 흐름과 그에 따른 개념의 발전 과정을 우선적으로 고려했다. 매 시기에 등장한 대표적인 사례를 통해 런던이 본격적으로 도시재생을 시작하면서부터 어떤 문제와 마주했고, 어떻게 해결안을 모색했고, 어떻게 개념을 발전시켰는지를 설명하는 데 초점을 맞추었다.

10개의 사례는 위치, 규모, 기능, 역할, 성격 등 여러 면에서 다르지만, 쇠퇴를 해결하기 위해 적용한 방법에서 분명한 공통점을 지닌다. 집필을 마친 후에 본문에서 가장 많이 언급된 단어들을 찾아보니 '공공공간', '보행 중심' 그리고 '시민'이다. 즉 각기 다른 상황과 조건이지만 쇠퇴를 해결하는 과정에서 높은 수준의 공공공간을 조성하고, 걷기 좋은 장소를 디자인하고, 활성화의 중심에 시민을 둔 것은 한결같았다.

도시는 필연적으로 쇠퇴하기에 이를 정확히 이해하고, 바른 해법을 찾는 것이 살기 좋은 도시를 만드는 핵심이다. 그런 면에서 런던이 거쳐온 치열한 도시재생의 역사와 노력을 들여다보는 것은 소중하다. 이를 통해 우리 도시의 건강한 발전을 위한 지혜와 영감을 얻을 수 있기 때문이다.

언제나 함께 답사하고, 토론한 아내와 아들은 이 책의 공동저자나 다름없다. 또한 런던에 대한 조언을 아끼지 않은 동료들과 오랫동안 인내를 가지고 지원한 21세기북스 식구들이 있었기에 이 책이 세상에 나올 수 있었다. 모두에게 깊이 감사한다.

2020년 6월 런던대학 City에서 김정후

템스강과 어우러진 사우스 뱅크 전경

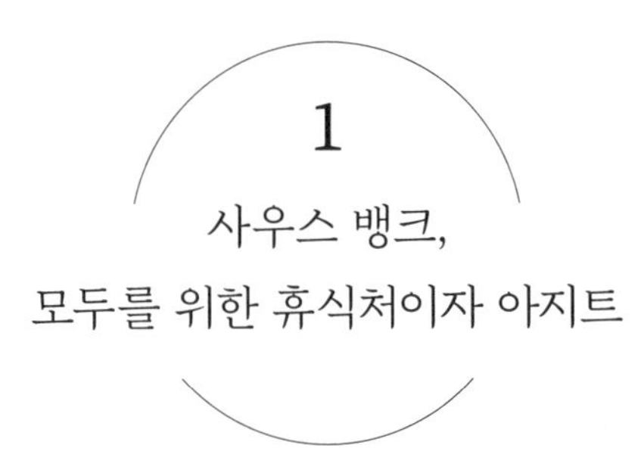

1
사우스 뱅크, 모두를 위한 휴식처이자 아지트

산업혁명을 거치면서 전 세계 국가들은 이전과 비교할 수 없을 만큼 빠르게 발전했다. 주요 선진국들은 새로운 과학, 기술, 제품을 선보였고, 이를 전시 및 홍보하기 위해 경쟁적으로 대규모 국제 행사를 개최했다. 이는 근대적 개념의 박람회가 출범하는 계기가 되었다. 산업혁명을 선도한 런던에서 1851년에 개최된 '만국박람회Great Exhibition'는 세계 최초의 박람회로 평가받는다.[1] 이후 전 세계의 주요 도시에서 개최된 박람회에서 증기기관차, 전화기, 녹음기, 텔레비전, 자동차 등을 포함해 인류의 삶을 혁신적으로 바꾼 발명품들이 선보였다. 과학과 기술혁신의 미래를 전망할 수 있는 장이었던 만큼 박람회의 위상은 대단했다.

런던에서 만국박람회가 개최된 지 정확하게 100년이 지난 1951년, 영국 정부는 '영국 페스티벌Festival of Britain'을 개최했다. 대외적으로는 만국박람회 100주년을 기념하기 위한 행사였지만, 제2차 세계대전이 끝난 후에 전쟁의 후유증을 극복하고, 국민들에게 희망의 메시지를 전하려는 의도가 컸다.[2] 그러므로 100년 전에 개최되었던 만국박람회와 유사한 형식으로 영국이 선도하는 과학, 기술, 제품, 건축, 디자인, 예술 분야를 적극적으로 소개했다.

한 가지 차이가 있다면 영국 페스티벌의 경우에는 예술 분야의 비중을 대폭 강화해 일반 시민들의 즐길 거리가 조금 더 많았다. 또한 영국 페스티벌은 런던 외에도 카디프Cardiff, 글래스고Glasgow, 옥스퍼드Oxford, 캔터베리Canterbury 등 영국 전역에서 축제의 형식으로 동시에 개최되었다.

그렇지만 영국 페스티벌의 상징적이자 실질적인 중심은 당연히 런던이었다. 영국 페스티벌의 개최가 결정된 후 런던시는 여러 개의 장소를 비교한 후에 '사우스 뱅크South Bank'를 행사 지역으로 결정했다. 이때부터 사우스 뱅크는 이전과 다른 운명을 맞이했다. 전문가와 시민 모두는 사우스 뱅크를 예상 밖의 결정으로 받아들였다. 사우스 뱅크는 산업혁명 이후 전형적인 산업지대로 개발되었고, 제2차 세계대전 때는 독일군의 폭격으로 심각하게 파괴되었기 때문이다.

그러나 반대로 생각하면 영국 페스티벌을 통해 쇠퇴한 지역의 환경을 개선하고, 나아가 전쟁의 상처를 극복하는 기회가 될 수도 있었다. 무엇보다 사우스 뱅크는 '센트럴 런던Central London'이면서 템스Thames 강변의 넓은 부지이므로 지리적 장점은 여전했다.

사실 '사우스 뱅크'라는 단어는 템스강변의 남쪽에 쌓은 제방을 의미하는 만큼, 그 시작과 끝을 명확히 지정할 수 없다. 그러나 영국 페스티벌을 기점으로 '사우스 뱅크'는 고유명사의 개념으로 인식되기 시작했다. 그 변화는 영어 단어 뱅크의 소문자 'b'를 대문자 'B'로 사용한 것에서도 찾을 수 있다. 한 걸음 더 나아가 영국 페스티벌 기간 중에 사우스 뱅크에서 각종 문화예술 관련 행사가 개최되면서 사우스 뱅크는 문화예술지구로 특화되기에 이른다.

여전히 절대적이라 할 수는 없지만, 통상 사우스 뱅크는 헝거포드 브리지Hungerford Bridge 혹은 웨스트민스터 브리지Westminster Bridge에서 출발해 워털루 브리지Waterloo Bridge를 거쳐 블랙프라이어스 브리지Blackfriars Bridge까지 이르는 구간을 일컫는다.

제2차 세계대전의 상흔이 아물지 않은 상태에서 개최된 영국 페스티벌은 성공적이었다. 큰 피해와 희생을 치른 후였으므로 단순한 행사를 넘어 정치, 경제, 사회, 문화, 예술 모든 면에서 국가의 정체성과 삶의 소중함을 생각하는 기회가 되었다. 일단의 역사가들은 영국 페스티벌이 영국 현대사의 중요한 전환점을 만들었다고까지 평가했다. 특히 도시 발전의 관점에서 영국 페스티벌은 향후 런던 문화예술의 새로운 구심점을 만드는 출발점이었다. 영국 페스티벌이 개최되기 전에는 런던의 문화예술을 대표하는 장소는 물론이고, 대부분의 행사가 템스강 북쪽에 집중되었으므로 문화예술의 균형 발전이라는 점에서도 큰 의미를 가졌다.

○ 성공 후 예상 외의 답보

영국 페스티벌은 사우스 뱅크 주변의 3만여 평 부지에서 개최되었다. 수변과 녹지가 적절히 어우러져 방문객들이 강변을 산책하면서, 관람하고 참여하는 축제 형식이었다. 대부분의 행사공간은 임시 구조물로 계획되었지만, 핵심 역할을 하는 '로열 페스티벌 홀Royal Festival Hall'은 신축되었다.

로열 페스티벌 홀은 2900석 규모의 콘서트홀을 중심으로 넓은 내부 공간과 부대시설을 갖추었고, 다양한 문화예술 행사를 개최할 수 있도록 디자인되었다. 영국에서 가장 권위 있는 영화 교육기관인 '영국영화협회British Film Institute, BFI'도 1957년 이곳에 입주했다. 런던시가 예상 밖의 큰 예산을 편성해 로열 페스티벌 홀을 건립한 이유는 런던을 상징하는 콘서트홀이었던 '퀸스 홀Queen's Hall'이 제2차 세계대전 중에 파괴되었기 때문이다. 당시 런던에는 더 이상 대형 콘서트홀이 존재하지 않았고, 이에 런던시는 로열 페스티벌 홀이 영국 페스티벌을 개최한 후에 런던을 대표하는 콘서트홀로 성장하리라 기대했다.

영국 페스티벌의 성공은 시민들이 사우스 뱅크를 새롭게 인식하는 기회를 제공했다. 이에 따라 1967년에 900석 규모의 또 다른 콘서트홀인 '퀸 엘리자베스 홀Queen Elizabeth Hall'과 360석 규모의 '퍼셀 룸Purcell Room' 그리고 1968년에 '헤이워드 갤러리Hayward Gallery'가 로열 페스티벌 홀 옆에 연이어 완공되었다. 이어서 1976년에는 '로열 국립극장Royal National Theatre'이 워털루 브리지를 사이에 두고 퀸 엘리자베스 홀 옆에 완공되었다. 로열 국립극장은 1000석 규모의 주 공연장을 포함해 세 개의 작은 공연장으로 구성되었다. 30여 년 동안 대규모 콘서트홀과 미술관이 연이어 건립된 것은 런던은 물론이고, 영국에서도 예외적인 일이었다. 그렇게 사우스 뱅크는 런던을 대표하는 문화예술지구로 발돋움하는 토대를 다졌다.

그러나 사우스 뱅크는 주변에 일련의 문화예술시설이 건립된 것에 비해 활성화되지 못했다. 본질적인 문제는 다른 데 있었다. 제2차 세계대전이 끝난 후 정부는 파괴된 주요 지역에 대한 복구 계획을 신속하게 발표했다. 런던시는 심각하게 파괴된 사우스 뱅크 일대를 포함해 템스강 남쪽 일대의 광범위한 영역을 새로운 형식의 대규모 업무지구로 설정했다. 과거처럼 제조업시설을 건립하려는 것은 아니었지만 사무공간을 중심으로 사우스 뱅크 일대를 전형적인 업무지구로 조성하려 했다.

이러한 접근에는 템스강 남쪽이 북쪽을 지원하는 지역이라는 전제가 기본적으로 깔려 있었다. 다시 말해, 템스강 남쪽 지역의 고유한 정체성을 강화하고, 지역 주민들을 위한 환경을 조성하기보다 북쪽에 필요한 지원 기능을 갖춘 시설을 건립하려는 의도였다. 이러한 맥락에서 판단하면, 새로운 문화예술 영역을 조성하는 계획도 의구심을 낳을 수밖에 없었다. 결국 전쟁 이후 어려움에 처한 주민들을 위한 주거나 공공공간 등은 후순위로 밀릴 수밖에 없었고, 형식만 다를 뿐 템스강 북쪽과 남쪽의 불균형은 개선되기 어려웠다.

민간투자로 사우스 뱅크 일대를 대규모 업무지구로 조성하려던 런던시의 계획 또한 여의치 않았다. 잠재력은 충분했지만 당시만 해도 사우스 뱅크 일대는 민간기업이 확신을 가지고 투자할 만한 지역이 아니었다. 지역 주민들의 반발도 만만치 않았고, 투자자들을 설득하는 것도 쉽지 않았다. 상황이 이렇다 보니 제2차 세계대전 이후 제일 빠르게 추진될 것 같았던 사우스 뱅크 일대의 활성화사업은 논의만 무성했을 뿐 1970~80년대를 거치면서 별다른 진전을 이루지 못했다.[3]

설상가상으로 의욕적으로 건립한 로열 페스티벌 홀, 퀸 엘리자베스 홀, 로열 국립극장에 대한 비판의 목소리도 점차 커졌다. 제2차 세계대전 이후 등장한 영국의 대표 건축사조인 '브루탈리즘brutalism' 스타일로 건립된 이 건물들은 초기의 관심과 달리 시간이 흐를수록 부정적으로 평가받았다. 재료와 형태에 관한 시각적인 측면뿐만 아니라 내·외부 공간도 초기 계획했던 것만큼 잘 활용되지 못했기에 총체적인 비난에서 자유롭지 못했다. 특히 문화예술시설임에도 불구하고 장식이 없는 콘크리트로 건립된 대규모 건물군이 템스강변의 경관을 해친다는 비난까지 받았다.

결과적으로 사우스 뱅크 일대를 포함해 템스강 남쪽이 지닌 본질적인 문제는 제2차 세계대전이 끝나고 30여 년이 경과한 시점까지 크게 개선되지 않았고, 이 지역은 여전히 런던에서 가장 가난하고, 소외된 지역으로 남았다. 런던시가 영국 페스티벌 이후 의욕적으로 이곳을 음악 중심의 문화예술지구로 조성하려 했기에 당시의 상황은 더욱 뼈아프게 다가왔다.

○ 공동체를 거쳐 문화예술 활성화로

지지부진했던 사우스 뱅크 활성화사업이 다시 관심의 대상으로 부각된 것은 '공동체 중심 재생community-based regeneration'이 등장하면서부터다. 좁게는 사우스 뱅크, 넓게는 템스강 남쪽에서 생활하는 주민들은 적정 주거와 공공공간의 개선이 우선이고, 이를 전제로 재생사업이 추진되기를 원했다. 이러한 가운데 1984년에 워털루 지역 주민들은 부동산 투자회사와 맞서 사우스 뱅크의 부지 일부를 획득하는 데 성공했다. 다시 말해, 지역 주민들이 자발적으로 구성한 공동체가 투자회사와의 경쟁에서 승리함으로써 이전과 다른 방식의 재생사업이 가능해진 것이다.

이 상징적 사건을 계기로 사우스 뱅크의 지역공동체는 도시재생사업의 중심으로 급속히 부상했고, 이 과정에서 '코인 스트리트 커뮤니티 빌더스Coin Street Community Builders, CSCB'가 조직되었다.[4] 지역 주민들을 중심으로 구성된 코인 스트리트 커뮤니티 빌더스의 등장은 그동안 활성화사업을 추진하면서 막대한 이윤을 남겼던 부동산 투자회사들의 철수 혹은 역할의 변화를 의미했다. 초기 코인 스트리트 커뮤니티 빌더스는 지역 발전에 관심을 가지고 있거나, 무분별한 대규모 재개발을 염려하는 주민들이 주축이었다. '지역 정체성'을 보호하지 못하는 대규모 재개발과 사업 추진 과정에서 주민들과 충분한 소통이 이루어지지 않는 과정에 반대했으며, 무엇보다 재개발로 원주민과 영세 사업자들이 일방적으로 쫓겨나는 방식을 개선하고자 했다.

코인 스트리트 커뮤니티 빌더스의 주장은 정치적 상황과 긴밀하게 연관되어 큰 힘을 얻었다. 당시 런던시는 노동당이 주도권을 가지고 있었으므로 지역 주민들이 자발적으로 추진하는 도시재생사업을 적극적으로 지지했고, 이러한 활동의 중심에 있는 코인 스트리트 커뮤니티 빌더스에도 힘이 실렸다. 이러한 런던시의 행보는 단순한 정치적 구호에 그치지 않았다. 먼저 개발업체가 소유한 사우스 뱅크 부지의 일부를 매입해 코인 스트리트 커뮤니티 빌더스에 저렴하게 양도했다. 런던시가 앞장서서 지역 주민들이 도시재생사업을 추진할 수 있는 실제적인 기회를 제공한 것이다.

코인 스트리트 커뮤니티 빌더스는 지역 주민들이 주축이었지만, 사우스 뱅크의 정체성을 강화하고 주민들의 주거권과 생활권을 보호한다는 전제하에 협력 가능한 기업과 투자자에게도 문호를 개방했다.

이는 진일보한 협력 방식으로서 주민과 기업 간의 '파트너십'으로 자연스럽게 발전했다. 초기에 기업이나 투자자는 마치 노동조합처럼 강경해 보이는 코인 스트리트 커뮤니티 빌더스의 존재를 부담스러워했으나, 논의와 협력을 통해 새로운 형식의 도시재생사업이 가능하다는 긍정적 결론에 도달했다. 나아가 사업을 추진하면서 각각의 사안을 논의할 수 있는 공식 통로가 있다는 것은 분명한 장점이기도 했다.

결국 주민들의 적극적인 관심과 참여, 런던시의 지원, 기업과 투자자들의 이해 등이 포괄적으로 어우러져 사우스 뱅크는 기존과 다른 방식의 도시재생사업을 추진하는 모범적인 지역으로 발전했다. 특히 사우스 뱅크 일대에 방치되거나 활용도가 떨어지는 건물과 공간을 적극적으로 재활용하고, 나아가 주민들이 동의하는 적정 수준의 개발을 수용하는 사회경제적 협력 모델을 구축했다. 원칙적으로 지역공동체가 주도하지만 기업과 투자자에게 빗장을 걸어 잠그는 보수적인 방식이 아니고, 상생 방안을 모색하는 혁신적인 접근이었다.

지역공동체, 런던시, 기업이 새로운 형식의 협력 관계를 구축하면서 오랫동안 답보 상태에 놓인 문화예술 카드를 다시 꺼내는 계기도 만들어졌다. 훌륭한 수변 공간과 새롭게 건립한 일련의 콘서트홀을 활용해 사우스 뱅크의 문화예술 정체성을 강화하는 것은 모두가 동의할 수 있는 사회경제적 활성화였기 때문이다. 이 과정에서 투자를 유치하고 새로운 일자리를 창출하는 것은 사우스 뱅크의 중장기적인 미래를 위한 바른 선택으로 여겨졌다.[5]

○ 걸으며 즐기는 복합 문화예술지구

20세기 후반 영국에는 보수당과 노동당 간의 치열한 정권 싸움이 있었다. 양당 모두 도시재생사업의 목표는 유사했으나, 방법에는 일정한 차이가 있었다. 이 과정에서 1979년에 집권한 마거릿 대처Margaret Thatcher 수상이 1986년 런던 광역정부를 해체한 사건이 발생한다.[6]

이에 따라 광역정부가 관장했던 일련의 관리 권한이 여러 기관으로 이양되었고, 도시재생사업도 영향을 받았다. 일시적으로 중앙정부 산하의 예술위원회Arts Council가 로열 페스티벌 홀의 운영을 맡았고, 1998년에 독립 민간 예술기관인 '사우스 뱅크 센터Southbank Centre'로 인계되었다. 사우스 뱅크 센터는 로열 페스트벌 홀을 중심으로 퀸 엘리자베스 홀, 퍼셀 룸, 헤이워드 갤러리 그리고 주변의 공공공간까지 관리함으로써 명실공히 유럽 최대 규모의 복합 문화예술 허브로 부상했다.

앞서 설명했듯이 사우스 뱅크는 지역공동체가 주도해 활성화를 도모한 지역이므로 새롭게 출범한 사우스 뱅크 센터와도 협력 관계를 유지했다. 다시 말해, 독립된 민간기관인 사우스 뱅크 센터의 등장이 코인 스트리트 커뮤니티 빌더스를 중심으로 한 지역공동체의 약화를 의미한 것이 아니라, 오히려 전문적인 문화예술 운영기관이라는 점에서 한 단계 발전할 수 있는 기회가 된 것이다.

1999년에 사우스 뱅크 센터는 로열 페스티벌 홀을 중심으로 사우스 뱅크 일대를 개선하기 위한 마스터플랜 국제 현상설계를 개최했고, '릭 매더 아키텍츠Rick Mather Architects'가 당선했다. 본 마스터플랜은 기존 사우스 뱅크 주변에 존재하는 일련의 건물과 공간을 활용하면서 전체적인 환경을 개선하려는 것이었다. 릭 매더 아키텍츠의 당선안은 보행로를 확장하고 그 사이 연계성을 강화하면서 공공공간을 확충하는 것이 두드러진 특징이었다. 보다 정확히 말하면 사우스 뱅크 일대에 안전하고 편안한 보행을 방해하는 일련의 요소를 개선하는 전략이다.

사우스 뱅크는 문화예술시설이 폐쇄적이고 섬처럼 존재한 탓에 충분한 시너지 효과를 내지 못하고, 주변 일대도 활력을 잃었다는 데 근본적인 문제가 있었다. 특히 몇몇 장소는 여전히 차량 출입이 가능하므로 보행자의 안전은 물론이고, 공공 환경도 열악했다. 이를 해결하기 위해 릭 매더 아키텍츠는 사우스 뱅크가 철저하게 '걷고 싶은 지역'으로 탈바꿈하는 세밀한 방법론을 제시했다. 즉 보행 환경 개선을 통해 공간이 활력을 되찾도록 유도하려는 것이었다.

로열 페스티벌 홀은 그동안 여러 차례 보수 및 확장되었으나 주변의 보행 환경은 크게 개선되지 않았고, 오히려 악화되었다. 노후한 건물 자체의 리노베이션도 필요했지만, 주변의 차도를 과감하게 폐쇄하고 보행로와 광장 형식의 공공공간을 앞뒤에 조성하는 것이 핵심이었다. 이에 따라 로열 페스티벌 홀의 앞쪽에는 계단으로 강변 산책로와 연결된 적절한 규모의 광장이 조성되었고, 뒤쪽에도 다목적으로 사용 가능한 옥외 공간이 조성되었다.

무엇보다 흥미로운 것은 로열 페스티벌 홀의 1층, 우리로 하면 2층에 해당하는 공간이 야외 테라스 형식으로 정비된 것이다. 이 공간은 낮이든 밤이든 편안하게 템스강을 감상하는 최고의 조망대로 자리 잡았다. 또한 본 테라스는 자연스럽게 공중 보도의 형식으로 좌우와 뒤편의 벨베데레Belvedere 거리로 연결된다. 특히 왼쪽으로 걸으면 2002년에 건립된 보행자 전용 다리인 '골든 주빌리 브리지Golden Jubilee Bridge'와 바로 연결된다. 건물의 테라스에서 강을 건널 수 있는 보행자 다리와 직접 연결된 공간은 아마도 전 세계 어디에도 없을 듯싶다.

로열 페스티벌 홀 일대를 거리와 공공공간 중심으로 개선한 후에 강변과 면한 지상층 그리고 테라스와 연결된 1층의 서쪽은 카페와 레스토랑으로 채워진 전형적인 거리형 식당가가 조성되었다. 이것은 매우 의미 있는 변화라 할 수 있다. 템스강 전체에서 강변과 직접 인접해 문화예술시설과 식당가가 조성된 지역은 거의 없다. 이 거리는 골든 주빌리 브리지와 직접 연결된 보행 전용 거리이므로 마치 강 남북을 연결하는 산책로처럼 느껴진다.

콘서트홀과 미술관을 중심으로 조성된 사우스 뱅크는 규모 면에서 유럽 최대를 자랑하지만 이전에는 그에 상응하는 서비스시설을 갖추지 못했다. 그러나 로열 페스티벌 홀을 중심으로 충분한 보행로 및 넓은 공공공간과 어우러진 식당가가 조성됨으로써 모두가 매력을 느낄 수 있는 장소로 발돋움했다. 또한 로열 페스티벌 홀 뒤편의 벨베데레 거리 방향에 만들어진 광장에서는 주말마다 '푸드 마켓Food Market'이 열림으로써 로열 페스티벌 홀은 젊은이부터 중장년층까지 모두가 즐길 수 있는 장소가 되었다.

로열 페스티벌 홀을 중심으로 대폭 개선된 보행 환경은 사우스뱅크 전체를 걸어서 즐기도록 하는 시너지 효과를 낳았다. 무엇보다 중요한 것은 로열 페스티벌 홀의 야외 테라스를 따라 퀸 엘리자베스홀, 퍼셀 룸 그리고 헤이워드 갤러리가 공중 보행로로 직접 연결된다는 점이다. 이는 퀸 엘리자베스 홀과 헤이워드 갤러리 주변의 보행로와 출입구가 활력을 잃었다는 점에서 의미 있는 변화였다. 사우스 뱅크 센터는 퀸 엘리자베스 홀과 헤이워드 갤러리로 연결되는 보행로에 조형물, 거리 가구, 어린이를 위한 놀이기구, 분수 등을 설치해 지속적인 환경 개선을 도모했고, 야외 전시와 행사 등도 개최함으로써 방문객의 관심과 발걸음을 유도했다.

한편, 퀸 엘리자베스 홀의 어둡고 무거운 분위기를 바꾼 것은 '색'과 '조경'이었다. 노출 콘크리트 건물인 퀸 엘리자베스 홀이 우중충한 느낌을 발산하는 것은 피할 수 없었다. 이에 램프와 계단을 포함한 건물의 일부에 노란색 등을 칠해 시각적 변화를 모색했고, 옥상에 휴식형 정원을 조성한 것은 최상의 선택이었다. 노출 콘크리트는 자연과 어우러져 한결 밝고 가벼운 느낌으로 변신했고, 방문객들이 템스강을 감상하면서 휴식을 취하는 아늑한 공간으로 탈바꿈했기 때문이다. 오랫동안 사랑받지 못했던 퀸 엘리자베스 홀 주위 외부 공간에 방문객

SODA BAR
KERB
STREET
FOOD
SPECIALISTS

1	4
2	
3	

1 골든 주빌리 브리지에서 바라본 로열 페스티벌 홀
2 광장과 산책로로 탈바꿈한 사우스 뱅크 앞 강변
3 런던의 새로운 명소로 자리 잡은 사우스 뱅크 푸드 마켓
4 템스강을 감상하는 최고의 장소로 탈바꿈한 로열 페스티벌 홀의 1층 야외 테라스

의 발걸음이 닿기 시작했다.

이외에도 사우스 뱅크 곳곳에는 흥미로운 장소들이 숨어 있다. 퀸 엘리자베스 홀의 반지하 공간은 1970년대부터 젊은이들의 스케이트보드 명소로 바뀌었다. 묘기에 가까운 모습으로 스케이트보드를 타는 젊은이들과 이를 신기하게 구경하는 사람들로 늘 붐비고, 이곳을 배경으로 화보 촬영을 하는 모델들의 모습도 심심치 않게 볼 수 있다.

그런가 하면 워털루 브리지 아래에는 런던을 대표하는 중고책 시장이 자리한다. 일견 어수룩해 보이지만 책의 종류와 양 그리고 분류를 살펴보면 매우 전문적임을 쉽게 알아차릴 수 있다. 다리 아래 중고책 시장이 자리 잡으리라고 과연 누가 예상했을까? 또한 로열 페스티벌 홀 5층에는 '영국 시 박물관National Poetry Library'이 자리한다. 이곳은 1912년 이후 영국에서 발표된 모든 현대 시와 관련된 각종 정보를 보유한다. 템스강을 한가롭게 내려다볼 수 있는 로열 페스티벌 홀의 5층은 그 자체로 충분히 시적이다.

○ 템스강의 발코니

로열 페스티벌 홀과 퀸 엘리자베스 홀로 구성된 사우스 뱅크는 '템스강의 발코니'다. 헝거포드 브리지와 워털루 브리지 사이에 깔끔하게 정비된 강변 산책로는 템스강 주변의 다른 지역과 비교해 가장 넓다.

따라서 시민들이 강변을 걷거나, 벤치에 앉아서 편안하게 템스강을 즐길 수 있는 최상의 장소다. 또한 넓게 정비된 로열 페스티벌 홀과 퀸 엘리자베스 홀의 앞마당은 거리의 악사들은 물론이고, 다양한 기획 전시를 할 수 있는 다목적 공간이다.

템스강변을 따라 지상층에 길게 펼쳐진 발코니는 1층, 2층, 3층에서 각기 다른 형식으로 전개된다. 앞서 설명했듯이 로열 페스티벌 홀과 퀸 엘리자베스 홀의 1층은 세심한 리노베이션을 통해 물리적 경계가 없는 하나의 공간으로 이루어졌기에 시민들은 편안하게 템스강을 즐기면서 휴식을 취할 수 있다. 두 건물이 수평으로 연결되어 만들어진 약 400여 미터에 달하는 야외 공간은 그야말로 발코니의 하이라이트다. 템스강변 어느 지점에도 이처럼 1층 높이에 넓게 펼쳐진 외부 공간은 존재하지 않는다. 이곳에 놓인 파라솔 앞에 앉으면 마치 멋진 바닷가의 리조트에 온 듯한 착각에 빠질 정도다.

중앙에 설치된 옥외 돌음계단을 이용해 퀸 엘리자베스 홀의 2층으로 올라가면 이번에는 잔디가 깔린 또 다른 모습의 발코니형 카페가 자리한다. 이곳에서는 아래층보다 좁지만 보다 높은 위치에서 조용하고 안락하게 템스강을 조망하면서 휴식을 취할 수 있다. 깔끔하게 심은 나무와 잔디는 이곳을 매력적인 정원으로 바꾸어놓았다.

다시 계단으로 퀸 엘리자베스 홀의 옥상으로 올라가면 마지막이자 가장 높은 위치의 발코니를 만난다. 아래층과 동일하게 조경된 이 공간은 전형적인 옥상정원이다. 그러나 아래층과 달리 이곳은 앞쪽의

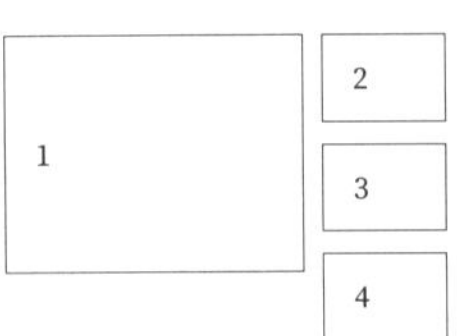

1 노출 콘크리트 건물에 노란색으로 시각적 변화를 준 퀸 엘리자베스 홀
2 젊은이들이 스케이트보드를 즐기는 퀸 엘리자베스 홀의 반지하 공간
3 공중 보행로에 설치된 어린이들을 위한 분수 놀이터 ⓒ Alamy
4 잔디밭 겸 카페로 조성된 퀸 엘리자베스 홀의 옥상정원

런던을 편안하게 감상할 수 있는 사우스 뱅크 일대의 강변 산책로

템스강은 물론이고, 맞은편의 강북과 좌우에 펼쳐진 도시 전체를 감상할 수 있다. 민간건물의 옥상을 제외하고, 템스강변의 공공건물 중에서 이처럼 자연과 어우러진 편안한 조망공간은 흔치 않다.

로열 페스티벌 홀과 퀸 엘리자베스 홀이 만든 템스강의 발코니는 수평으로 길게 펼쳐지고, 수직으로 매 층마다 다른 형태가 쌓인다. 쾌청한 주말에 골든 주빌리 브리지 위에서 로열 페스티벌 홀과 퀸 엘리자베스 홀로 구성된 발코니를 바라보면 그야말로 장관이다. 강변로에서 옥상까지 산책 나온 시민들과 관광객들로 빈틈이 보이지 않을 정도다.

○ 모두를 위한 런던의 휴식처이자 아지트

런던시민들은 이렇게 이야기한다. “사우스 뱅크에 오면 눈, 귀, 코, 입 모두가 즐겁다!” “사우스 뱅크에 오면 머리와 가슴이 맑아진다!” “사우스 뱅크는 언제나 새롭기에 설렌다!” 사우스 뱅크에 가본 사람이면 누구나 고개를 끄덕일 것이다.

사우스 뱅크에는 음악이 있고, 미술이 있고, 영화가 있고, 문학이 있고, 축제가 있고, 음식도 있다. 앞서 설명했듯이 사우스 뱅크의 외형은 이미 50여 년 전에 갖추어졌다. 그러나 과거와 현재를 비교하면 결정적인 차이가 한 가지 있다. 다름 아닌 ‘사람’이다. 즉 과거에도 음악,

미술, 영화, 문학, 축제, 음식이 있었지만, 이 모든 것을 지금처럼 편하게 즐길 수는 없었다. 다시 말해, 사우스 뱅크는 지난 20여 년 동안 사람의 온기를 불어넣기 위해 치밀하게 노력한 결과다. 그러므로 이렇게 표현하면 조금 더 정확하리라 생각한다. 사우스 뱅크에는 최고 수준의 음악, 미술, 영화, 문학, 축제, 음식이 있고, 이 모든 것을 편하게 즐길 수 있는 거리와 공간이 있다.

흔히 도시재생을 '소외된 공간에 온기를 불어넣는 작업'이라 표현한다. 그렇다면 사우스 뱅크야말로 진정한 의미의 도시재생이라 부를 만하다. 아이, 청소년, 젊은이에서 중년과 노인에 이르기까지, 콘서트홀과 미술관을 방문한 사람들부터 강변을 산책하는 사람들까지, 영화와 시에 대한 자료를 찾는 학생들에서 파티를 즐기는 젊은이들까지, 한마디로 사우스 뱅크는 모두를 위한 런던의 휴식처이자 아지트다.

강북에서 바라본 강남의 테이트 모던 전경

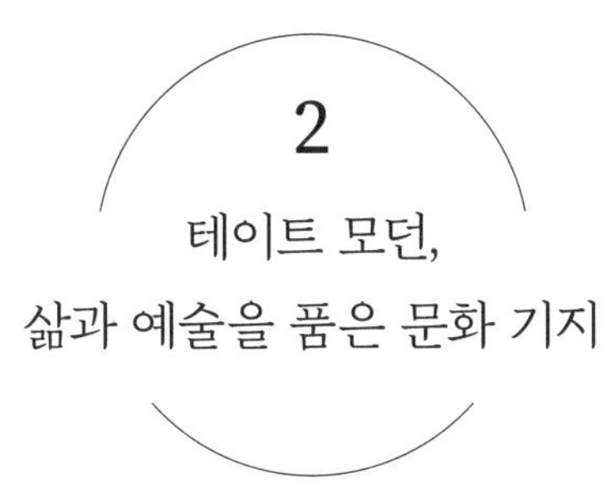

2
테이트 모던, 삶과 예술을 품은 문화 기지

21세기에 도시재생과 관련해 양적으로, 질적으로 전 세계에서 가장 많이 언급된 사례는 무엇일까? 객관적인 통계는 없지만 '테이트 모던 Tate Modern'이라는 대답에 아마도 대부분 동의할 수 있을 것이다. 2000년 개관한 이래로 테이트 모던은 국내·외 여러 분야의 전문가와 일반인 모두에게 큰 관심의 대상으로 부상했다. 그러는 사이 어느덧 개관한 지 20년이 지났으니, 이제 테이트 모던에 대한 종합적인 이해와 평가가 가능하다.

'영국박물관 The British Museum'과 '국립미술관 National Gallery'은 오랫동안 영국을 대표해온 문화예술의 양 축이다. 1759년에 설립된 영국박물관은 세계 최초의 국립 공공박물관으로서 전 세계 문명에 관한 800만점 이상의 작품을 보유하고, 1824년에 설립된 국립미술관은 13세기 중엽부터 1900년대까지의 주요 유럽 회화 2300여 점을 소장한다. 명성과 소장품의 수준에 걸맞게 두 박물관은 해마다 600만 명 전후의 방문객이 찾는다. 조금씩 변동은 있지만 전 세계에서 두 번째로 많은 방문객 수다.

이러한 상황에서 테이트 모던의 등장은 영국박물관과 국립미술관으로 대표되는 런던의 문화예술 지형에 변화를 몰고 왔다. 개장 이후 불과 몇 년 만에 연평균 방문객 600만 명을 돌파해 단숨에 2위권 대열에 합류했다. 미술관이 국제적 명성을 얻기 위해서는 최소한 10여 년 이상이 필요한 만큼, 테이트 모던이 이룬 성과는 세계적으로 유사한 사례를 찾기 어렵다. 이름이 의미하듯 테이트 모던은 현대미술에 초점을 맞추고 있다. 따라서 영국박물관, 국립미술관과 함께 문화예술의 시대적 스펙트럼을 확장했다. 즉 영국박물관, 국립미술관, 테이트 모던은 각기 다른 시대를 대표하는 작품들을 통해 문화예술 도시로서 런던의 위상을 더욱 공고하게 확립했다.

오늘날 테이트 모던은 미술품을 전시하는 장소로서의 가치를 훌쩍 넘어선다. 문화예술공간이 쇠퇴한 장소, 나아가 지역 전체를 활성화시키는 원동력이 될 수 있음을 입증했기 때문이다. 다시 말해, 테이트 모던은 길게는 수백 년, 짧게는 적어도 수십 년 동안 지속되어온 템스강 남북의 경제적, 사회적, 문화적 불균형을 해소하는 획기적인 전환점을 마련했다. 영국의 대중지 《타임 아웃Time Out》을 포함한 각종 언론의 조사에 따르면 테이트 모던은 영국인이 가장 사랑하는 장소가 되었다.

○ 수변과 산업유산의 잠재력

테이트 재단은 권위와 실력을 겸비한 순수 민간 미술 재단이다. 1897년 개관한 본관 '테이트 브리튼Tate Britain', 1988년 개관한 '테이트 리버풀Tate Liverpool', 1993년 개관한 '테이트 세인트 아이브스Tate St Ives' 등 영국에만 네 개의 미술관을 소유한다. 1988년까지 테이트 재단은 템스강 하구에 테이트 브리튼 하나만을 운영 중이었다. 당시 회화 4000점, 조각 1300점, 기타 작품 3500점 등 총 9000여 점의 작품을 방대하게 소장하고 있었지만 테이트 브리튼에는 불과 1000여 점가량만을 전시할 수 있었다.[1] 당시 중앙정부의 적극적인 예술 지원 정책으로 테이트 리버풀과 테이트 세인트 아이브스를 연이어 개관하면서 다소 숨통이 트이는 듯했지만 여전히 전시공간은 크게 부족했다. 아울러 두 개의 분관은 지역에 자리하는 만큼 방문객을 유치하는 데 분명한 한계가 있었다.

그러나 끊임없이 분관 건립을 모색하는 중에 기회가 찾아왔다. 1990년대에 접어들면서 중앙정부는 새로운 시대를 알리는 '밀레니엄 프로젝트Millennium Project'를 기획했다. 핵심 사업 중의 하나는 복권 발행으로 밀레니엄 기금을 조성해 문화예술과 체육시설에 투자하는 것이었다. 테이트 모던의 니컬러스 세로타Sir Nicholas Serota 관장은 밀레니엄 기금을 확보하기 위해 영국을 대표하는 '현대미술관' 건립의 필요성을 역설했고, 이미 최고 수준의 현대미술품을 보유한 테이트 재단의 역할을 강조했다.[2] 앞서 언급했듯이 전략적으로 영국박물관, 국립미술관과 차별화를 시도한 것이다. 영국박물관, 국립미술관과 달리 높은 수준의 현대미술품을 보유한 테이트 재단의 제안은 중앙정부와 런던시 모두에게 매력적이었다. 결국 테이트 재단의 제안이 받아들여졌고, 밀레니엄 기금에서 건립 비용의 절반가량을 지원받게 된다.

비록 재정적으로 성공적인 출발점을 마련했지만 세계 최고 수준의 땅값을 자랑하는 런던에서 미술관 부지를 선정하는 일은 그야말로 난제였다. 초기에 테이트 재단이 예상한 건립 비용은 약 2000억 원이었다. 상당한 규모의 예산이었지만 이 비용으로도 런던에 대규모 현대미술관 건립 부지를 물색하는 것은 거의 불가능했다. 재단 직원, 전문가 그리고 자문단 모두 런던 전체를 대상으로 가능성 있는 부지를 검토했지만 모두 실패하고 만다.

테이트 재단은 본관인 테이트 브리튼과 마찬가지로 새로운 현대미술관을 템스강변에 건립하고자 했으나, 어느 도시든 강변 부지는 다른 지역보다 비싼 만큼 테이트 재단의 희망은 더욱 멀게 느껴졌다. 런던 외곽에 부지를 선정하거나, 건립을 포기하는 것 외에 특별한 대안이 없었다. 그렇게 부지 선정에 제동이 걸리는 듯했다.

그러나 기회는 전혀 기대하지 않았던 방향으로 갑자기 찾아왔다. 배로 템스강을 출퇴근하는 직원인 프란시스 칸워스Francis Carnwath가 무심코 던진 한마디가 그 시작이었다. "템스강변에 버려진 화력발전소는 어떨까?"[3]

칸워스가 언급한 '뱅크사이드 화력발전소Bankside Power Station'는 당시 문을 닫은 채 방치된 상태였다. 발전소 주변은 이곳이 과연 세계 최고의 도시인 런던인가 할 정도로 황폐화된 상태였고, 길이 155미터, 폭 23미터, 높이 35미터, 가운데 솟은 굴뚝의 높이만 99미터에 달하는 대규모 산업용 건물의 처리도 골칫거리였다.

운영을 중단하고 방치된 뱅크사이드 화력발전소 모습 © Alamy

부지 선정에 고민 중이던 세로타 관장은 칸워스와 함께 뱅크사이드 화력발전소를 방문했다. 어둑어둑 해가 질 무렵, 발전소 주변에 도착한 세로타 관장은 "이렇게 환상적인 건물을 그동안 몰랐었다니!" 하며 무릎을 쳤다. 런던의 한복판에 자리하고, 세인트 폴 대성당St Paul's Cathedral과 마주하고, 템스강변에 자리하고, 예상보다도 훨씬 큰 규모였다. 한마디로 일석사조, 아니 그 이상이었다. 무궁무진한 잠재력을 알아차린 세로타 관장은 테이트 재단의 관계자들과 의견을 나누고, 타당성 분석 후 확신을 가지고 뱅크사이드 화력발전소로 부지를 결정했다.

물론 테이트 재단의 결정이 곧 현대미술관의 건립을 의미하지는 않았다. 밀레니엄 기금을 지원받으므로 런던시와 중앙정부의 승인이 필요했기 때문이다. 앞서 언급한 영국박물관, 국립미술관 외에도 런던에는 수백 개의 박물관이 있지만 아이러니하게도 대부분이 강북에 자리하고, 강남에는 손에 꼽을 정도다. 경제적, 사회적으로는 물론이고, 문화예술적으로 템스강 남북의 불균형은 이미 심각한 수준을 넘어선 상태였다.

극심하게 쇠퇴한 부지와 그곳에 문을 닫고 방치된 산업용 건물, 현대미술관과 도무지 어울리지 않는 조건이 오히려 중앙정부와 런던시를 설득하는 데 결정적인 역할을 했다.[4] 민간이 주도해 건립하는 현대미술관이 런던의 낙후된 지역에 방치된 산업용 건물을 재활용한다는 사실은 상징적으로나 실제적으로 의미가 컸다. 중앙정부와 런던시의 시선은 이미 현대미술관의 성공을 넘어, 수백 년 동안 풀지 못한 런던의 난제인 템스강 남북 불균형의 해소로 향했다.

○ 역사를 존중한 건축가

뱅크사이드 화력발전소는 건축가 자일스 길버트 스콧 경Sir Giles Gilbert Scott이 1947년과 1963년에 두 차례에 걸쳐서 디자인했다. 1920~30년대 런던의 전력 공급은 개인이 소유한 몇몇 공장들에 의해 이루어졌기에 독점과 가격 불균형 등의 문제가 있었고, 기업들과 시민들은 안정적으로 전기를 사용할 수 없었다. 중앙정부의 의지에 따라 런던시는 안정적으로 전기를 공급하기 위해 대규모 발전소를 템스강변에 건설하기로 결정했고, 그중 하나가 뱅크사이드 화력발전소였다.

중앙정부가 화력발전소의 건립 계획을 발표하자 시민들은 열광했다. 그 후 몇 년이 지나 템스강변에 발전소가 완공되자 언론에서는 '산업 대성당Industrial Cathedral'이라는 표현까지 사용할 정도였다. 발전소에 대성당이라는 호칭을 부여했으니 얼마나 영광스러운 일인가! 오늘날이라면 대기오염의 주범으로 여길 만한 시커먼 연기를 뿜어내는 발전소가 당시만 해도 런던시민들의 사랑을 독차지했다. 실제로 뱅크사이드 화력발전소에 앞서 1939년에 템스강 하구에 최초로 완공된 '배터시 화력발전소Battersea Power Station'는 그해에 실시한 여론조사에서 영국 최고의 현대건축물 2위에 선정되는 영예를 안았다.[5] 당시만 해도 화력발전소가 새로운 시대를 여는 상징이었다고 할까.

그러나 뱅크사이드 화력발전소의 영광은 길지 않았다. 유가 파동과 경기 불황이 연이어 닥쳤고, 환경오염에 대한 비판도 제기됨으로써 1981년에 완전히 문을 닫았다. 비록 발전소는 더 이상 가동되지 못했지만 건물만은 꽤 오랫동안 시민들의 마음속에 상징적 존재로 남았다. 그렇지만 런던 한복판 템스강변에 자리한 이 거대한 산업용 건물은 문을 닫은 후 20여 년 동안 별다른 조치 없이 흉물스럽게 방치되었다.

여기에는 아주 현실적인 이유가 있었다. 뱅크사이드 화력발전소가 자리한 지구인 '서더크Southwark'는 런던에서 가장 가난한 지역인 만큼 발전소를 포함해 주변의 광범위한 산업지대를 개발하기 위한 재원을 확보할 수 없었다. 이러한 상황에서 전혀 예상치 못한 현대미술관 건립이 추진되자 서더크 카운슬Southwark Council은 적극적으로 테이트 재단을 지원하고 협력했다. 단순히 미술관 하나의 건립을 넘어 완전히 쇠퇴한 제조업 지역을 활성화시킬 수 있는 절호의 기회라 판단한 것이다.

전격적으로 부지를 확정한 테이트 재단은 국제 현상설계를 실시했고, 뜨거운 관심 속에 전 세계에서 148개 팀이 작품을 제출했다. 이 중에서 일곱 개의 영국팀과 여섯 개의 외국팀이 결선에 올랐고, 최종 후보로 여섯 팀이 선정되었다. 안도 다다오Ando Tadao, 데이비드 치퍼필드David Chipperfield, 라파엘 모네오Rafael Moneo, 렘 쿨하스Rem Koolhaas, 렌초 피아노Renzo Piano 그리고 자크 헤르조그와 피에르 드 뫼롱Jacque Herzog & Pierre de Meuron이 그들이다.[6] 당시 다다오, 모네오, 피아노는 건축계의 노벨상으로 불리는 프리츠커상 수상자였고, 쿨하스 또한 2000년에 수상했으니 그야말로 별들의 전쟁이라고 표현할 만하다. 나아가 당시 관심의 정도도 충분히 짐작할 수 있다.

열띤 토론 후 심사위원회는 예상을 깨고 스위스 건축가인 헤르조그와 드 뫼롱을 1등으로 선정했다. 이들은 당시만 해도 완공된 프로젝트가 거의 없었던 무명에 가까운 건축가들이었으므로 최종 후보에 오른 것만으로도 뉴스거리였다. 헤르조그는 세계적인 대가들과 함께 최종 후보에 포함된 것에 너무나 만족하며, 당선은 꿈에서조차 기대하지 않았다고 인터뷰하기도 했다. 테이트 모던이 완공된 이후 헤르조그와 드 뫼롱은 승승장구하면서 세계 최고의 건축가 반열에 올랐다. 그렇다면 헤르조그와 드 뫼롱은 어떻게 심사위원단의 마음을 사로잡았을까?

여기에는 무엇보다 최종 결선에 오른 여섯 팀 중에서 헤르조그와 드 뫼롱의 안이 외부와 내부 모두에서 가장 적극적으로 화력발전소의 '원형'을 유지했다는 점이 크게 작용했다. 원형을 유지하는 것은 참가자 모두에게 주어진 조건이었지만, 다른 건축가들은 가능한 화려한 디자인, 기술, 재료를 접목했다. 세로타 관장과 심사위원단은 뱅크사이드 화력발전소가 기능을 다한 채 버려진 산업용 건물에 불과하지만 근대건축물로서의 상징성은 여전히 크다고 판단했다. 따라서 기존 건물을 세심하게 보존한 헤르조그와 드 뫼롱의 안은 높은 점수를 받을 수 있었다. 특히 최종 후보에 오른 유일한 영국 건축가인 치퍼필드가 화력발전소의 굴뚝을 제거한 안을 제시해 엄청난 공분을 산 것은 유명한 일화로 오랫동안 회자되었다.

또한 헤르조그와 드 뫼롱이 가장 무명이었다는 점도 중요하게 작용했다. 이는 뜬금없지만 분명한 사실이다. 세로타 관장은 이미 여러 차례 건축가들과 작업했고, 유명 건축가와 작업하는 것의 장·단점을 충분히 이해하고 있었다. 따라서 이번 작업의 경우 전략적으로 테이트 재단의 요구 사항들을 정확히 이해하고, 적극적으로 수용할 수 있는 젊은 건축가를 선택했다. 다시 말해, 세계적 대가와 그의 개념을 접목하는 방식이 테이트 모던에 적절치 않다고 판단한 상황에서 헤르조그와 드 뫼롱은 제안 자체뿐만 아니라 프로젝트를 대하는 자세에서도 좋은 인상을 주었다.[7] 결국 테이트 재단은 부지 선정에 이어 건축가 선정에서도 세계를 놀라게 했다. 그야말로 파격적인 결정의 연속을 통해 테이트 모던은 공사 시작 전부터 전 세계의 이목을 집중시켰다.

○ 터빈 홀, 모든 것을 수용하는 무한의 공간

길이 155미터, 폭 23미터, 높이 35미터에 이르는 화력발전소는 터빈 홀을 중심으로 상상을 초월한 내부 공간을 지닌다. 만약 신축한다면 도저히 확보할 수 없는 규모와 형태이므로 내부 공간의 효율적이고 창조적인 활용이 테이트 모던 전체의 성패를 좌우하는 것은 당연했다. 공사 관계자들은 터빈 홀에 남아 있던 엄청난 양의 고철을 제거하는 작업이 테이트 모던의 시작이자 끝이었다고 이구동성으로 말한다. 그만큼 신중하고, 어려운 작업이었다.

헤르조그와 드 뫼롱이 제안한 리노베이션의 핵심은 터빈 홀을 미술관의 주 출입구이자 다목적 홀로 개조하고, 강변 방향에 자리한 보일러실을 전시장으로 개조하는 것이었다. 그런 후에 기존 건물의 전면 지붕 위에 카페와 조망대로 사용하기 위한 두 개의 층만을 유리 박스로 만들어 새롭게 추가했다.

터빈 홀은 한마디로 '비움'과 '간결함'으로 정의할 수 있다. 화력발전소를 가득 채웠던 설비시설을 제거했지만 기본적인 철골 구조체를 그대로 유지했으므로 산업유산으로서의 흔적을 고스란히 간직한다. 특히 낡은 천장을 보강하면서 가운데 부분을 길게 절개해서 자연광이 터빈 홀로 쏟아지도록 했다. 이를 통해 터빈 홀은 인공조명 없이도 밝고 아늑한 분위기를 연출한다. 어떤 장식적 요소도 없이 단아하게 마감된 터빈 홀은 공간 자체만으로 감동을 전하기에 부족함이 없다.

무엇보다 탁월한 디자인은 터빈 홀을 완만한 경사로로 만들고, 경사로가 끝나는 지점에 중층 형식의 발코니를 설치한 것이다. 강변을 걸어서 터빈 홀에 들어선 방문객은 경사로가 만든 시각적 효과를 통해 중심으로 빨려드는 듯한 압도적인 공간감을 경험한다. 눈앞에 펼쳐진 모습은 마치 투시도를 보는 듯하다. 이러한 상태에서 중간에 설치한 발코니는 터빈 홀의 앞뒤를 적절히 분절하는 역할을 한다. 그렇게 중앙의 계단을 걸어 올라가서 지상층에 해당하는 발코니에 서면 이번에는 전혀 다른 느낌으로 터빈 홀을 내려다볼 수 있다. 사방으로 탁 트인 발코니는 방문객들에게 통상적인 미술관에서 느낄 수 없는 여유로움을 제공한다. 이러한 공간적 경험 자체가 현대미술의 정수라고 해도 지나치지 않는다.

연이어 파격적인 결정을 내린 테이트 재단의 접근은 터빈 홀의 '프로그램'에서 절정에 이르렀다. 테이트 재단은 헤르조그와 드 뫼롱과 다양한 대안을 비교 및 검토한 후에 이 공간을 특별한 변형이나 디자인 없이 그대로 비우기로 결정했다. 미술관 내부 공간의 절반이 넘는 면적을 비우는 결정은 결코 쉬운 일이 아님에도 불구하고, 확신을 가지고 시행에 옮겼다. 과연 어떤 생각이 이와 같은 결정을 가능하게 했을까? 넓게 비운 터빈 홀은 언제든지 자유롭게 현대미술품으로 채울 수 있고, 미술품을 넘어 다양한 행사와 행위를 포용할 수 있다. 즉 테이트 모던 터빈 홀의 비워진 공간은 예술가와 시민에게 자유롭게 개방한다는 선언이었다. 채우기보다 비움으로써 무엇이든 채울 수 있는 가능성을 열어둔 것이다.

테이트 재단의 파격적 의지의 실현으로 터빈 홀은 1년 중에 특별한 전시와 행사를 제외하고 약 8개월 이상 비워져 있다. 템스강을 따라 산책하던 사람들은 서쪽 출입구를 통해 자연스럽게 터빈 홀 안으로 들어온다. 완만한 경사로를 통해 거리처럼 디자인되었으므로 보행자들은 강변로의 연장으로 생각하기 십상이다. 별도의 입장료를 받지 않으므로 사실상 미술관 내·외부의 경계는 존재하지 않는다.

테이트 모던 터빈 홀의 일상은 어떨까? 청소년, 어린이 그리고 전시를 보러 온 학생 모두 도시락을 먹거나 대화를 나누거나 편안하게 누워서 책을 보는 모습을 언제든지 볼 수 있다. 그야말로 실내에 만들어진 광장 혹은 공원이나 다름없다. 전 세계 어느 미술관의 내부에 이 정도로 큰 무주 공간이 존재할까? 기존 화력발전소의 구조와 공간을 그대로 활용하지 않았다면 이 같은 장소는 탄생할 수 없었을 것이다.

평소와 달리 강연, 콘퍼런스, 공연 등의 행사가 개최되면 터빈 홀은 다시 기막히게 변신한다. 행사에 필요한 무대와 시설을 설치하면 터빈 홀은 어디에서도 경험할 수 없는 멋진 행사장이 된다. 직원들이 입구에서 방문객들에게 검은색이나 붉은색의 방석을 두 개씩 나눠주면, 방문객들은 방석을 이용해 특별한 격식을 차리지 않고 바닥에 앉거나, 누워서 행사를 관람한다. 이보다 편안하고, 멋지고, 자연스러운 행사장이 어디에 있을까.

그런가 하면 터빈 홀은 1년 한두 차례씩 아이들에게 상상을 초월한 놀이공간을 제공한다. 통상 부활절 기간인 3~4월 중에 터빈 홀 바닥에는 양탄자가 깔린다. 터빈 홀이 완만한 경사로로 계획되었으므로 미술관에 들어선 아이들은 자연스럽게 양탄자에서 구르기 시작한다. 한두 명의 아이가 구르면 그다음을 상상하는 것은 어렵지 않다. 거대한 양탄자 한 장으로 세상에서 가장 멋진 놀이터를 만든 것이다. 물론

다목적 공공공간으로 탈바꿈한 터빈 홀

1 절제된 디자인으로 산업유산의 흔적을 드러내며, 강변과 연결되어 있는 메인 홀
2 눕거나 앉아서 즐기는 행사장으로 변신한 터빈 홀
3 양탄자를 깔아 어린이들을 위한 놀이터로 변신한 터빈 홀

이때가 되면 어른과 아이 할 것 없이 마치 집 안의 거실처럼 편안하게 양탄자 위에서 즐거운 시간을 보낸다.

이처럼 테이트 모던 개관과 함께 터빈 홀은 공공공간으로서 시민과 방문객의 사랑을 독차지했다. 그러나 이것은 시작에 불과하다. 테이트 재단은 터빈 홀을 다양한 형식의 '설치미술'이 가능한 대규모 전시공간으로 계획했다. 길이 155미터, 높이 35미터에 달하는 내부는 현대미술관 내에 존재하는 단일 공간으로는 세계 최대다. 설치미술가의 입장에서 터빈 홀은 기존의 틀에 얽매이지 않고, 공간적 한계로부터 벗어나 어떤 형식의 작품도 실험할 수 있는 너무나 매력적인 공간이다.

분명한 방향을 설정한 테이트 모던은 매해 10월부터 이듬해 봄까지 터빈 홀을 특별 전시 기간으로 계획했고, 이를 위한 초대 후원기관으로 다국적 소비재 기업인 '유니레버Unilever'를 선정했다. 테이트 모던의 의도대로 지난 2012년까지 '유니레버 시리즈'로 진행된 터빈 홀의 전시는 어디에서도 흉내 낼 수 없는 독창적인 기획으로 세계적인 명성을 얻었다. 그렇게 유니레버의 후원이 성공적으로 만료된 후 새로운 후원기관을 물색하던 테이트 모던은 2014년부터 우리나라의 현대자동차와 11년 후원 계약을 체결했다.

그동안 터빈 홀에서 진행된 유니레버 시리즈는 파격, 참여, 즐거움, 메시지 등의 키워드로 요약할 수 있다. 설치미술가들은 다른 미술관에서 구현하기 어려운 파격적인 작품을 선보였고, 방문객은 단순한 관람을 넘어 직접 참여함으로써, 현대미술의 즐거움을 만끽하는 것에서 더 나아가 작가가 전하는 다양한 메시지를 공유한다. 별도의 설명 없이 현대미술을 이해하고 감상할 수 있다. 몇 가지 예를 들어보자.

2000년에 터빈 홀에 등장한 개관 작품은 루이즈 부르주아Louise Bourgeois의 〈마망Maman〉으로 불리는 청동 거미다. 거대한 어미 거미를 형상화한 〈마망〉은 화력발전소의 거친 흔적을 고스란히 간직한 터빈 홀에 완벽하게 자리 잡았다. 다음으로 터빈 홀에 들어설 설치 조각에 대한 관심을 더욱 고조시키기에 충분했다.

이후 2003년부터 테이트 모던은 적극적으로 정치, 사회, 경제, 환경을 아우르는 세계적인 화두와 미술을 연계시킴으로써 현대미술의 새로운 시대를 열었다. 2003년 올라푸르 엘리아손Olafur Eliasson은 〈기후 프로젝트The Weather Project〉를 통해 터빈 홀의 천장을 거울로 덮고 수백 개의 전구로 인공태양을 만들었다. 터빈 홀에 들어선 관람객들은 태양이 사라진 미래의 암울한 모습을 연상하고, 간접 체험한다. 엘리아손은 터빈 홀의 광활한 공간 전체를 작품으로 활용해 환경적 메시지를 던졌다는 점에서 찬사를 받았다.

2007년에 설치된 도리스 살세도Doris Salcedo의 작품을 통해 터빈 홀의 무한한 가능성은 절정에 달했다. 살세도는 〈쉬볼레스Shibboleth〉라는 이름으로 터빈 홀 바닥에 지진을 형상화했다. 어떻게 디자인했을까? 살세도는 지리 전문가들과 논의해 테이트 모던에 강도 9 이상의 지진이 발생하는 상황을 전제해서 터빈 홀 바닥을 부수고, 지진을 사실적으로 재현했다. 믿기 힘든 발상이지만 실제로 건물을 깨고, 뚫어서 작

1 터빈 홀에 인공태양을 띄운 엘리아손의 〈기후 프로젝트〉

2 터빈 홀 바닥을 깨서 지진을 형상화한 살세도의 파격적인 설치 조각 〈쉬볼레스〉

품을 만든 것이다. 물론 작품이므로 전시 기간이 끝난 후에는 곧바로 원상 복귀했다. 무모해 보이기까지 한 살세도의 작품은 설치미술 역사의 한 페이지를 장식했고, 터빈 홀이 모든 작품을 수용할 수 있는 무한의 공간임을 입증하는 계기를 만들었다.

○ 미술, 음악 그리고 휴식이 어우러진 외부 공간

테이트 모던은 내부 공간 못지않게 외부 공간에도 큰 변화를 가져왔다. 뱅크사이드 화력발전소가 가동될 때는 당연하고, 가동 중단 후에도 주변 일대는 접근이 거의 불가능한 버려진 장소였다. 시민들이 꺼리는 우범지대로 전락하는 것은 막을 수 없었다. 외부 공간 조성에서도 테이트 모던이 일관되게 추구한 비전인 공공성은 그대로 적용되었다.

테이트 모던 앞 강변 방향의 외부 공간은 '테이트 모던 가든Tate Modern Garden'과 '테이트 커뮤니티 가든Tate Community Garden'의 두 영역으로 나누어진다. 전자는 건물의 서쪽에 자리한 녹지 공원이고, 후자는 뒤에서 살펴볼 '밀레니엄 브리지Millennium Bridge'와 연결된 광장과 강변 산책로다. 이곳의 조경 디자인은 테이트 재단의 의뢰로 '키나스트 보이트 파트너스Kienast Vogt Partners'에 의해 완성되었다.

건물과 별개로 화력발전소 부지 자체에도 템스강과 인접한 수변 공간이라는 매력이 있었다. 따라서 테이트 재단은 이러한 장점을 최대한 활용해 매력적인 수변형 녹지 공원을 조성했다. 테이트 모던 가든은 시민들이 편안하게 앉거나 누워서 휴식할 수 있는 녹지와 자작나무를 통해 조성된 느슨한 경계로 이루어져 있다. 촘촘하지 않게 심은 자작나무는 강변에서 테이트 모던을 가리지 않고, 반대로 테이트 모던에서 강변 방향으로 시야를 가리지도 않는다. 어느 정도의 영역은 구획하면서도 시각적으로 앞뒤가 통하는 방식으로, 그야말로 탁월한 선택이다. 자작나무는 낮에는 적절한 그늘을 만들고, 밤에는 조명과 어우러져 환상적인 분위기를 연출한다. 한마디로 미니멀한 조경 디자인의 정수라 부를 만하다.

한편, 테이트 커뮤니티 가든은 밀레니엄 브리지와 테이트 모던 가든 사이에 조성된 작은 광장이다. 강북에서 밀레니엄 브리지를 넘어오면 만나는 공간으로, 일종의 테이트 모던의 앞마당이라 할 수 있다. 이곳은 테이트 모던의 야외 전시장, 거리 악사들의 공연장 그리고 크리스마스 장터 등의 기획 행사를 개최하는 다목적 공간이다. 테이트 커뮤니티 가든에서 진행되는 다채로운 행사는 미술품과 별개로 방문객들이 테이트 모던을 찾는 또 하나의 이유이기도 하다. 테이트 모던 가든이 휴식을 위한 정적인 공간이라면 그 옆의 테이트 커뮤니티 가든은 즐거움을 주는 동적인 공간이다. 이곳에서 테이트 모던을 배경으로 연주회가 개최될 때면 미술과 음악이 어우러져 완벽한 조화를 연출한다.

테이트 모던 앞에 조성된 두 개의 독특한 외부 공간은 자연스럽게 강변 산책로와 연계되어 넓은 수변 공공공간을 이룬다. 도시재생의 관점에서 이것이 얼마나 중요한지는 지도를 살펴보면 확인할 수 있다. 테이트 모던은 앞서 이야기한 서쪽의 사우스 뱅크 지역과 동쪽의 '런던시청London City Hall' 지역의 중간 지점에 자리한다. 그러므로 테이트 모던과 더불어 조성된 외부 공간은 서쪽과 동쪽을 연결하는 구심점이고, 이를 통해 템스강변 전체가 산책로로 확장되는 계기를 만들었다. 사우스 뱅크에서 출발해 테이트 모던을 거쳐 런던시청까지 걷는 것은 어느덧 템스강변을 가장 멋지게 즐기는 '산책 코스'가 되었다.

○ 일상으로 스며든 현대미술관

테이트 모던에는 터빈 홀에 버금갈 정도로 사랑받는 숨겨진 공간이 하나 더 있다. 6층의 레스토랑 겸 카페이자 조망공간이다. 템스강을 건너 테이트 모던과 마주한 세인트 폴 대성당은 런던을 지키는 수호신과 같은 존재다. 테이트 모던을 리노베이션하면서 유일하게 새롭게 추가된 6층의 조망공간은 본래 화력발전소의 지붕에 해당한다. 현재는 세인트 폴 대성당의 위용과 아름다움을 편안하게 감상하는 공간으로 탈바꿈했다. 강변 방향으로 탁 트인 전면 창 앞에는 긴 테이블이 놓여 있는데, 이곳에 앉아서 커피를 마시며 세인트 폴 대성당을 감상하는 것은 두말할 필요 없이 런던에서 가장 낭만적이고 아름다운 모습이

테이트 모던 전면에 휴식공간으로 조성된 잔디 공원

다목적 공간으로 활용되는 테이트 모던의 앞마당

세인트 폴 대성당과 런던 시내를 감상할 수 있는 6층의 조망공간

다. 테이트 모던을 사랑할 수밖에 없는, 테이트 모던이 제공하는 최고의 선물이라 해도 과언이 아니다.

전 세계적으로 런던의 영국박물관, 국립미술관, 테이트 모던과 어깨를 나란히 하는 미술관은 뉴욕의 '메트로폴리탄 미술관The Metropolitan Museum of Art'과 파리의 '루브르 박물관Louvre Museum'이다. 물론 방문객 수는 루브르 박물관이 연간 900만 명으로 압도적인 1위이고, 메트로폴리탄 미술관은 런던의 세 개 미술관과 비슷하다.

지구상에서 최고로 평가받는 다섯 개 미술관의 우열을 가리는 것은 무의미하다. 이들은 지역, 시기, 목적, 소장품, 운영 방식 등 모든 면에서 차이가 있다. 그럼에도 불구하고, 한 가지 분명한 사실은 고작 20여 년의 역사를 지닌 테이트 모던이 미술관에 대한 고정관념과 역할을 획기적으로 전환했다는 점에서만큼은 나머지 미술관들을 압도한다는 것이다. 테이트 모던은 런던에서 가장 쇠퇴한 지역에 자리 잡은 후에 디자인, 프로그램, 운영에 이르기까지 일관되게 '일상의 회복'에 기여했고, 이를 통해 활력을 되찾은 주변 지역은 런던 전체에 '시너지 효과'를 낳았다. 런던시민들에게 테이트 모던은 미술관 이전에 언제나 편안함과 즐거움을 제공하는 휴식공간이다.

예상을 뛰어넘은 성공에 힘입어 테이트 모던은 확장 공사를 통해, 지난 2016년 10층 규모의 새로운 미술관을 신축하고 기존 건물과 통합했다. 여기에 무엇보다 관심을 집중시킨 것은 확장의 방향이 기존 테이트 모던의 좌우나 위가 아니고, 뒤로 이루어졌다는 것이다. 이와 같은 확장을 통해 기존 건물의 내부에서 뒤쪽으로 직접 연결되는 동선이 만들어졌고, 자연스럽게 뒤쪽에서 미술관으로 접근하는 새로운 출입구와 광장도 조성되었다. 이것은 무엇을 의미할까? 테이트 모던이 만든 지역 활성화의 긍정적 시너지 효과를 아래쪽으로 계속 확장하려는 것이다.

테이트 모던이 지난 20년 동안 거둔 성과는 시작에 불과하다. 버려진 거대한 산업유산을 재활용했고, 블랙홀처럼 방치된 서더크 지구의 템스강변에 활력을 불어넣었으며, 템스강 북쪽에 집중되었던 문화예술의 동력을 남쪽으로 확장했을 뿐만 아니라, 테이트 모던을 정점으로 주변의 상가와 주거가 살아나는 기회를 만들었다. 이를 통해 템스강 남쪽 전체가 동서 방향으로 재생되는 원동력을 제공했고, 새롭게 확장한 미술관을 통해 남쪽으로 활성화의 힘이 계속 뻗어나가는 전기도 마련했다. 테이트 모던이라는 '점'이 동서남북으로 연결되는 '선'을 만들었고, 궁극적으로는 '면'으로 진화 중이다. 지난 20년 못지않게, 아니 그 이상으로 앞으로의 20년을 기대해볼 만하다.

템스강의 남북을 보행으로 연결하는 밀레니엄 브리지

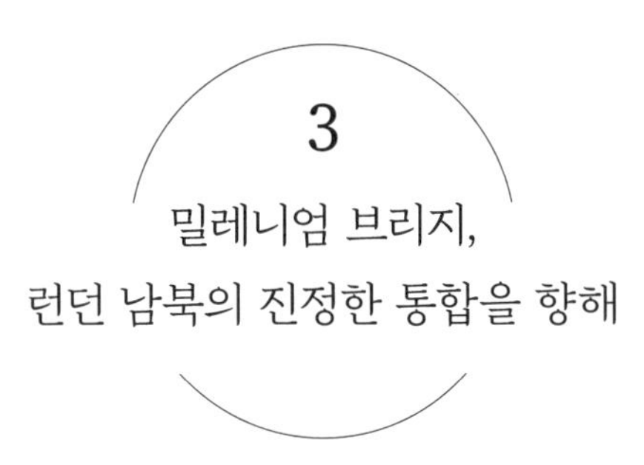

3
밀레니엄 브리지, 런던 남북의 진정한 통합을 향해

'다리bridge'는 인류가 만든 구조물 중에서 가장 다양한 이야기를 가진다. 연인 간의 애틋한 사랑과 친구와의 짙은 우정이 깃든 장소이자 자살과 배신을 상징하는 장소이기도 하다. 전쟁을 겪은 나라에서는 낭만보다 생사의 갈림길로 여겨졌던 절박한 시절도 있었다. 이러한 다리의 중요성은 본격적으로 도시와 마을이 형성되면서 증가했다. 다리가 없다면 하루 종일 돌아가야 하는 인접 마을도 다리를 놓으면 몇 시간 안에 닿을 수 있으니 얼마나 고마운 일인가. 강에 의해 지리적으로 단절된 두 지역에 다리가 놓이면 자연스럽게 상인들의 왕래가 잦아지고 교류가 활발해지니 다리는 문명의 상징이기도 하다.

인류가 초기에 만든 다리가 기능, 안전, 교류를 위한 도구였다면 이후 다리는 새로운 양상으로 발전했다. 한 시대가 가진 공학 기술과 아름다움을 접목한 구조물인 다리에는 시간이 지나며 '안전하고, 길고'의 개념에 '아름답게'라는 개념이 추가되었다. 유럽에서 가장 오래된 다리라 할 수 있는 프라하의 '카를 다리Charles Bridge'는 홍수에 견딜 수 있을 만큼 튼튼하다는 의미를 넘어, 아름다움 때문에 건립된 지 수백 년이 지난 현재까지 전 세계인으로부터 사랑을 받는다. 그런가 하면 단테가 베아트리체와 사랑을 나눈 것으로 유명한 피렌체의 '베키오 다리Ponte Vecchio'는 제2차 세계대전 당시 히틀러가 아름다움에 감탄한 나머지 유일하게 폭발을 피했다.

현대 도시에서 다리는 사회적 통합이라는 화두와 연결되었다. 강을 중심으로 발전한 도시가 필연적으로 마주한 문제는 강으로 단절된 두 지역 간의 불균형이다. 비록 한 도시이지만 강으로 분리된 두 지역은 정치적, 경제적, 사회적 중심이 어디냐에 따라 커다란 격차를 갖는다. 이 같은 문제를 해결하기 위한 방법 중의 하나가 다리를 건설해 두 지역을 물리적으로 가깝게 만드는 것이다. 즉 다리를 사회 통합의 매개체로 활용하는 방식이다. 그러나 이러한 방법이 효과를 거두는 것은 생각보다 어렵다. 두 지역의 물리적 결합은 다리로 가능하지만 이미 경제적, 문화적, 사회적 격차가 선명한 상태에서 오랫동안 유지되어온 불균형은 쉽사리 해소되지 않기 때문이다. 이러한 맥락에서 21세기에 들어 기술적, 미적, 사회적으로 전 세계가 주목할 만한 다리가 등장했다. 바로 런던의 템스강에 건립된 '밀레니엄 브리지'다.

○ 두 런던의 불편한 동행

21세기 전까지 런던 관광객들의 주요 방문지를 나열해보자. 영국박물관, 버킹엄 궁전Buckingham Palace, 세인트 폴 대성당, 웨스트민스터 국회의사당Houses of Parliament, 국립미술관, 자연사박물관Museum of Natural History, 과학박물관Science Museum, 빅토리아 앤드 앨버트 박물관Victoria and Albert Museum, 타워성Tower of London 등이다. 이 장소들을 지도 위에 표시하면 놀라운 비밀(?) 한 가지를 발견할 수 있다. 모두 템스강의 북쪽에 자리한다.

이뿐만이 아니다. 복잡한 런던 시내의 숨통을 트여주는 하이드 파크Hyde Park, 리젠트 파크Regent's Park, 그린 파크Green Park, 세인트 제임스 파크St James' Park 등의 광활한 녹지, 옥스퍼드 스트리트Oxford Street, 피카딜리 서커스Piccadilly Circus, 코벤트 가든Covent Garden 등의 쇼핑 거리, 〈라이온 킹The Lion King〉 〈레미제라블Les Miserables〉 〈오페라의 유령The Phantom of the Opera〉과 같은 세기의 뮤지컬을 관람할 수 있는 '웨스트 엔드West End'까지. 과연 템스강 남쪽에는 무엇이 있는지 의구심을 자아낼 정도로 모두가 북쪽에 자리한다. 얼마나 극단적인 불균형인가.

런던은 왜 이처럼 불균형적으로 발전했을까? 10~11세기 동안 영국의 수도는 런던에서 남서쪽으로 100킬로미터가량 떨어진 '윈체스터Winchester'였다. 런던은 11세기 초 정복왕으로 불리는 윌리엄 1세William I가 지금의 웨스트민스터Westminster로 왕실을 옮기면서 수도가 되었다. 당시 런던의 중심부, 현재의 '시티 오브 런던City of London' 지역은 이미 영국의 대표 상업 지역으로 성장한 상태였다. 따라서 왕실이 자리한 서쪽의 웨스트민스터가 행정을 담당하고, 상권이 번성한 동쪽의 시티가 경제를 책임지는 형태로 도시 구조가 이루어졌다. 이러한 역사적 상황 때문에 런던은 템스강 북쪽을 중심으로 발전하는 것을 피할 수 없었다.

런던의 극단적 불균형을 쉽게 해결할 수 없었던 이유는 한 가지 더 있다. 놀랍게도 18세기 초까지 런던 브리지London Bridge만이 유일하게 템스강의 남북을 연결했다. 파리를 포함해 강을 중심으로 발전한 유럽 대부분의 도시들이 중세를 거치면서 적절한 수의 다리를 건설해 강 양쪽 편의 활발한 교류를 유도한 것과 달리 런던은 전혀 그렇지 못했다. 17세기에 이미 세계에서 가장 번성한 도시로 성장한 런던에 템스강을 건너는 다리가 단 한 개밖에 없었다니 믿기 어려운 일이다.

조금 더 일찍 템스강에 다리를 추가로 건설하지 않은 데는 미묘한 정치적, 경제적 이해관계가 존재했다. 런던은 11세기 이후 정치, 경제, 사회, 문화 모든 면에서 템스강 북쪽을 중심으로 성장했고, 자연스럽게 살기 좋은 지역의 대부분이 북쪽에 형성되었다. 이러한 상황에서 웨스트민스터와 시티를 중심으로 한 북쪽의 지역정부는 다리를 놓아 템스강 위와 아래를 직접 연결하는 것에 소극적이었다. 기존의 정치적, 경제적 힘을 독점하려는 것이었고, 낙후된 남쪽과 교류해 얻을 수 있는 장점이 없다고 판단했기 때문이다. 런던을 이끄는 두 지역의 극단적 이기주의가 런던의 균형 발전을 가로막은 장애물이었다. 이렇게 부유한 북쪽과 가난한 남쪽의 불편한 동행이 깊이 뿌리내리게 되었다.

○ 새로운 밀레니엄을 맞이하며

밀레니엄은 새로운 세기나 새로운 한 해를 맞이하는 것과 다른 차원이다. 물리적으로는 몇 년의 시차에 불과하지만 새로운 천 년의 시작은 상징성이 크다. 인류 역사상 밀레니엄을 경험한 세대가 얼마나 되겠나. 런던은 세계 시간의 기준점 역할을 하는 본초자오선이 지나는 그리니치Greenwich 천문대를 보유했고, 밀레니엄의 시작을 전 세계에 알리는 상징적 기회를 가졌으므로 다른 나라들보다 훨씬 더 분위기가 고조되었다.

중앙정부는 1995년부터 밀레니엄 위원회를 구성해 국가 재도약의 발판을 마련하려는 야심찬 계획을 수립했다. 앞서 소개한 '밀레니엄 프로젝트'는 핵심 사업 중의 하나였고, 런던은 여기에서 중추적인 역할을 담당했다. 런던에서만 약 200여 개의 밀레니엄 프로젝트가 추진되었고, 그중에서 가장 큰 규모의 투자가 이루어진 런던 아이London Eye, 밀레니엄 돔Millennium Dome, 밀레니엄 브리지가 세계의 이목을 집중시켰다.[1]

밀레니엄 프로젝트는 예상을 깬 파격적인 방식으로 추진되었다. 도시재생 차원에서 런던이 오랫동안 풀지 못한 템스강 남북의 불균형을 해결하는 전략과 긴밀하게 연계시켰다. 즉 핵심 프로젝트인 런던 아이, 밀레니엄 돔, 밀레니엄 브리지를 오랫동안 소외되고 낙후된 템스강 남쪽 지역을 활성화시키는 원동력으로 활용하고자 한 것이다.

이미 수백 년 동안 뿌리 내린 템스강 남북의 불균형은 20세기에 이르러 극에 달했고, 이제 정치적, 경제적 차원을 넘어 심각한 수준의 사회문제를 양산하는 단계에까지 이르렀다. 빈곤율, 범죄율, 질병 발생률, 교육 수준 등 모든 면에서 템스강 남쪽 지역은 최하위권으로 전락한 상태였다. 뉴욕과 더불어 세계 금융보험산업을 이끄는 런던이지만 템스강 남쪽만큼은 감추고 싶을 만큼 부끄럽고 초라했다. 밀레니엄 프로젝트는 오랫동안 해결하지 못한 이러한 극단적인 불균형 상황을 밀레니엄이라는 명분을 활용해 런던 통합의 계기로 삼으려는 것이었다.

세 개의 밀레니엄 프로젝트 중 밀레니엄 브리지는 런던의 부유한 지역인 시티와 가난한 지역인 서더크를 보행자 다리로 연결하는 파격적인 시도였으므로 단연 주목을 끌었다. 잘 알려지지 않았지만, 런던의 역사를 약 150년 전으로 거슬러가 보면 현재 밀레니엄 브리지가 놓인 위치에 다리를 건설하려는 시도는 이미 여러 차례 있었다.

그러나 모두 실패로 끝나고 말았는데, 런던의 부를 독점한 시티가 무척 소극적이었고, 더불어 런던은 물론이고 국가의 상징이라고 할 수 있는 세인트 폴 대성당에 미칠 부정적인 영향에 대해서도 합의를 이끌어내지 못했기 때문이다. 그러나 20세기 후반부터 전문가들은 런던의 미래를 위해 템스강 남북이 어떤 식으로든 손을 맞잡아야 한다는 것을 한 목소리로 지적했고, 밀레니엄이 실질적인 원동력을 제공한 가운데 밀레니엄 브리지는 과거 어느 때보다 강력하게 추진되었다.

○ 건축, 구조, 조각의 하모니

1996년, 큰 관심 속에 개최된 밀레니엄 브리지 현상설계에는 한 가지 흥미로운 사실이 있었다. 현상설계 조건에 다리가 놓이는 정확한 위치를 제시하지 않은 것이다. 기존의 시티와 서더크 지역을 연결하는 서더크 브리지Southwark Bridge와 블랙프라이어스 브리지 사이에 건립할 수 있다는 유연한 조건만 제시되었을 뿐이었다.[2] 정확한 다리의 위치를 결정하지 않은 모호한 현상설계였던 셈이다. 참가자의 입장에서 쉽지 않은 조건이지만 이러한 방식을 통해 보다 창의적이고 혁신적인 아이디어를 제안하도록 유도한 것이었다.

참가자들은 다양한 위치를 선택해 제안할 수 있는 재량권이 부여되었음에도 불구하고, 대부분 한곳에 관심을 집중했는데, 바로 '피터스 힐Peter's Hill'이다. 피터스 힐은 세인트 폴 대성당에서 남쪽으로 템스 강변에 이르는 약 300여 미터에 달하는 완만한 경사길로서 로마인들이 초기에 런던에 정착했을 때 도심과 강변을 연결하는 중요한 통로였다. 그러나 대부분의 템스강변과 마찬가지로 산업혁명을 거치면서 이 일대 역시 선착장과 창고시설이 밀집했고, 낭만적인 모습과는 거리가 먼 장소로 전락했다. 이후 특별한 변화나 쓰임새를 찾지 못한 채 오랫동안 방치되었다.

밀레니엄 브리지 현상설계 직전에 테이트 재단이 템스강 건너편에 방치된 화력발전소를 현대미술관으로 리노베이션하는 파격적인 계획을 발표하면서 피터스 힐은 자연스럽게 관심의 대상으로 떠올랐다. 누구도 쉽게 예상하지 못했던 상황으로 정치인, 도시계획가, 건축가, 시민 모두 완전히 새로운 기회를 모색할 수 있는 단초를 제공받았다. 피터스 힐을 따라 다리를 놓으면 런던을 대표하는 역사적 랜드마크인 세인트 폴 대성당과 새로운 현대미술관이 자연스럽게 연계될 수 있기 때문이다. 이러한 접근은 기존과 다른 방식으로 템스강 남북의 통합을 유도할 수 있을 것이라는 기대를 품게 했다.

200여 개 세계적인 건축가 팀이 참가한 밀레니엄 브리지 현상설계에서 최종 결선에 오른 것은 여섯 팀이었다. 순수하게 다리 디자인으로만 평가하자면 시선을 끄는 화려한 안은 많았다. 그러나 1등의 영예는 노먼 포스터Norman Foster 팀에게 돌아갔다. 구조회사 오브 애럽Ove Arup 과 조각가 앤서니 카로Anthony Caro로 구성된 포스터 팀의 디자인은 다른 참가자들과 비교해 무척 단순했다.

포스터 팀은 초기부터 밀레니엄 브리지가 역사적 상징성을 지닌 피터스 힐의 연장임을 강조했다. 즉 다리라는 구조물이 아닌 템스강의 위아래를 연결하는 '거리'라는 개념으로 접근했다.[3] 초기 디자인을 보면 포스터 팀의 접근도 다른 팀들과 마찬가지로 다리 위에 독립된 전망대를 갖출 정도로 화려했다. 그러나 논의를 거듭하며 밀레니엄 브리지는 극도로 단순하면서 우아한 형태의 디자인으로 수정되었다.

밀레니엄 브리지가 완공된 후 진행한 인터뷰에서 포스터는 다음과 같이 설명했다.

템스강 남쪽에서 바라본 밀레니엄 브리지와 세인트 폴 대성당

템스강 북쪽에서 바라본 밀레니엄 브리지와 테이트 모던

"현대 도시에서 다리는 기술적, 미학적 성공을 드러냄으로써 그 자체로 하나의 상징으로 여겨진다. 그래서 공학의 산물인 다리가 최근에는 건축가들의 관심을 사로잡는다. 그렇지만 밀레니엄 브리지를 디자인하면서 오브 애럽, 앤서니 카로와 머리를 맞대고 어떻게 하면 튀지 않는 디자인이 될 수 있는가를 고민했다. 왜냐하면 이 다리가 연결하는 세인트 폴 대성당과 테이트 모던은 물론이고, 템스강 남북의 통합이 더욱 중요하기 때문이다. 밀레니엄 브리지 자체의 디자인이 두드러질수록 이 같은 상징성이 줄어들기 때문이다."[4]

이러한 생각을 구현하기 위해 포스터 팀은 144미터에 이르는 보행자용 데크를 4미터 폭으로 좁게 디자인하고 특별한 장식과 계단을 통한 연결 없이 피터스 힐과 직접 맞닿는 방식을 채택했다. 'Y' 자 형태의 교각 양쪽 끝에 각각 네 개의 서스펜션 케이블을 연결하는 최첨단 구조 기술을 적용했기에 가능했다. 다리 디자인을 평가하는 데 살신성인이라는 표현을 사용하는 것이 어색할지 모르지만, 밀레니엄 브리지는 분명히 그렇다. 겸손하고 소박한 모습으로 자신보다 세인트 폴 대성당과 테이트 모던이 두드러지도록 한껏 배려한다.

이처럼 최고 수준의 디테일을 적용한 밀레니엄 브리지는 건설되었다기보다 기존 거리 위에 살포시 얹혔다는 표현이 적절하다. 그만큼 공간적, 구조적, 시각적으로 기존 거리와 완벽하게 결합되었으므로 보행자는 아무런 경계를 느끼지 못하고 자연스럽게 거리에서 다리로 이동한다. 다리이지만 거리의 연장이라는 개념이 완벽하게 구현되었다. 다리가 연결된 기존의 강변 계단에는 앙증맞은 휴식공간이 마련되어, 밀레니엄 브리지가 얼마나 절제된 구조와 형태로 디자인되었는지를 입증한다.

밀레니엄 브리지의 세심한 디자인은 피터스 힐 아래쪽에 자리한 강변 산책로가 활성화되는 계기가 되었다는 점에서도 큰 의미가 있다. 밀레니엄 브리지를 통해 양쪽으로 나누어진 계단을 걸어서 강변으로 내려가면 오솔길 같은 산책로와 연결된다. 템스강 남쪽의 산책로와 비교해 아직은 종합적인 정비가 이루어지지 않았지만 향후에는 남쪽 못지않은 변화가 생길 것이라 예상한다. 거리의 연장으로 자리한 밀레니엄 브리지, 그리고 이를 통해 연결된 피터스 힐과 강변은 이러한 맥락에서 중요한 출발점이다.

○ 하나로 묶인 세인트 폴 대성당과 테이트 모던

앞서 설명했듯이 2000년 전까지 런던의 방문객들이 주로 찾는 명소들은 템스강 북쪽에 밀집해 있었다. 그런데 현 시점을 기준으로 이야기하면 의심의 여지없이 한 개를 더 추가해야 한다. 바로 테이트 모던이다. 변화의 핵심은 전통적으로 런던 최고의 명소 중 하나라 손꼽히던 세인트 폴 대성당과 테이트 모던이 10분 내의 도보권으로 함께 묶인 것이다.

1	3
2	

1 아무런 경계 없이 피터스 힐과 자연스럽게 연결되는 밀레니엄 브리지
2 밀레니엄 브리지 하부에 마련된 휴식공간
3 세인트 폴 대성당을 감상하는 최고의 공간, 밀레니엄 브리지

런던을 찾은 관광객들의 동선을 한번 생각해보자. 관광객 중에서 세인트 폴 대성당과 테이트 모던을 동시에 방문하지 않는 경우는 거의 없다. 더군다나 밀레니엄 브리지와 템스강까지 한 번에 즐길 수 있으니 일석사조가 아니겠나! 결국 런던을 방문한 관광객들은 세인트 폴 대성당과 테이트 모던을 하나의 '패키지 방문지Package Destination'로 여긴다. 테이트 모던이 없었던 시기에도 세인트 폴 대성당의 관람자 수는 한 해 평균 70만 명 전후였으니, 연평균 600만 명이 방문하는 현대미술관과의 긴밀한 연결로 발생한 시너지 효과는 상상을 초월한다. 이 같은 변화의 의미는 런던을 찾는 대부분의 관광객들이 런던의 역사적 랜드마크와 새로운 문화적 랜드마크를 동시에 감상한다는 데 있다. 밀레니엄 브리지는 이를 궁극적으로 가능하도록 만들었다.

피터스 힐과 밀레니엄 브리지로 연결된 강북의 시티 지역과 강남의 서더크 지역의 변화는 관광객에게만 머물지 않는다. 밀레니엄 브리지는 하루 평균 1만 5000명이 이용할 만큼 활발한 거리로 자리 잡았다. 아침저녁으로 출퇴근 및 통학하는 직장인들과 학생들은 물론이고, 점심시간을 이용해 시티 지역에서 테이트 모던 주변으로 건너오는 시민들과 직장인들도 많다. 템스강 북쪽에서 수평으로만 움직였던 시티 지역의 생활 동선이 밀레니엄 브리지에 힘입어 템스강을 건너 수직으로 확장된 것이다. 결국 밀레니엄 브리지는 런던의 심장부에서 움직이는 유동 인구의 동선과 활동 반경을 크게 바꾸었다. 무늬만 센트럴 런던이었던 서더크 지역이 진정한 센트럴 런던으로 자리 잡기 시작한 것이다.

특히 피터스 힐의 변화는 놀랍다. 강북 도심에서 강변으로 내려가는 넓은 보행로인 피터스 힐은 이제 런던에서 가장 많은 사람들이 왕래하는 거리가 되었다. 이뿐만이 아니다. 세인트 폴 대성당을 배경으로 완만한 경사로와 계단으로 구성된 피터스 힐은 언제든지 발걸음을 멈추고 쉴 수 있는 편안한 휴식공간이고, 설치 조각을 위한 훌륭한 야외 전시공간이기도 하다. 한여름에는 시민들과 관광객들로 빈틈을 찾을 수 없을 만큼 인산인해를 이룬다. 밀레니엄 브리지가 없었다면 불가능한 일이다.

도시사회학자 리처드 세넷Richard Sennett은 밀레니엄 브리지를 통해 새롭게 활성화된 보행로를 두고 21세기를 대표하는 보기 드문 '열린 공공공간'이라 극찬했다.[5] 시민과 관광객 가릴 것 없이 모두가 이 거리를 걸으며 새롭게 진화하는 런던을 만끽할 수 있기 때문이다. 인위적인 마스터플랜에 의해서가 아니라 기존의 건조 환경을 유지하면서 순수한 보행자 다리를 건설했다는 점, 그리고 이를 통해 주변의 쇠퇴했던 공간들이 차례로 활성화되도록 자극했다는 사실에서 이 공간의 의미를 찾을 수 있다. 밀레니엄 브리지가 놓이기 전까지 피터스 힐 주변과 아래쪽의 템스강변은 특별한 매력을 찾을 수 없는 무미건조한 잊힌 장소에 불과했다. 결국 밀레니엄 브리지가 2000년 동안 고착되었던 런던 중심부 지형에 지각 변동을 유도하며 새로운 통합과 발전의 가능성을 활짝 열어젖힌 것이다.

○ 21세기 런던의 역동적인 무대

밀레니엄 브리지가 놓이기 전까지 세인트 폴 대성당은 주로 정면이 있는 서쪽을 향해 걸으며 감상하는 것이 일반적이었다. 그런 만큼 서쪽 입면은 자연스럽게 세인트 폴 대성당을 상징하는 모습이었다. 밀레니엄 브리지는 이 같은 전통적인 세인트 폴 대성당의 이미지에 파격적인 변화를 가져왔다. 템스강 한가운데 서서 성당의 웅장한 위용을 편안하게 감상할 수 있도록 만들었기 때문이다. 마치 대성당을 감상하는 물 위의 전망대라고 할까.

포스터 팀은 오브 애럽과 함께 세인트 폴 대성당으로 향하는 시야가 가려지지 않도록 현재와 같은 독특한 형식의 서스펜션 구조를 고안했다. 다리를 지지하는 좌우의 구조물을 최대한 낮춘 것이다. 물론 이와 같은 방식은 런던시가 세인트 폴 대성당의 경관을 보호하기 위해 수립한 엄격한 규정을 준수한 결과이기도 하다.[6] 밀레니엄 브리지 위에서 바라본 세인트폴 대성당은 주변의 현대적 도시 풍경을 배경으로 우뚝 솟은 장엄한 기념비라는 표현이 가장 적절하다. 피터스 힐의 양옆에 자리한 건물들이 투시도와 같은 입체적 효과를 만들기에 세인트 폴 대성당의 실루엣은 더욱 극적으로 보행자의 시선을 사로잡는다. 기존 서쪽 거리에서는 주변에 빼곡히 들어찬 건물들로 세인트 폴 대성당의 모습을 제한적으로 감상할 수밖에 없었던 만큼, 큰 차이를 지닌다.

개인적으로 유럽 도시들의 포스트 카드를 틈틈이 수집하는데 밀레니엄 브리지가 놓이기 전까지 세인트 폴 대성당이 등장한 런던 포스트 카드의 대부분은 앞서 언급한 서쪽 입면을 사용한 모습이었다. 그러나 최근 10여 년 동안에 새롭게 등장한 포스트 카드는 런던의 변화를 고스란히 반영한다. 이제 포스트 카드에는 밀레니엄 브리지 혹은 테이트 모던 주변에서 바라본 세인트 폴 대성당의 남쪽 입면이 담겨 있다.

서쪽과 남쪽 입면, 둘 사이에는 분명한 차이가 존재한다. 서쪽 입면은 대성당 정문을 중심으로 정적인 특성을 갖지만, 남쪽 입면은 주변의 현대적인 도시 풍경을 배경으로 역동적인 모습을 연출한다. 템스강 남쪽에서부터 밀레니엄 브리지를 걸어서 접근할 때면 템스강 위의 탁 트인 시야를 통해 대성당의 위용과 아름다움을 만끽할 수 있다. 마치 대성당이 보행자를 빨아들이는 것처럼 강렬하다.

밀레니엄 브리지가 21세기 런던을 상징하는 공간으로서 얼마나 중요한가는 그동안 이곳에서 진행된 다양한 행사들을 통해 확인할 수 있다. 고작 4미터의 폭밖에 되지 않는 좁은 다리지만 창조적 행사와 공연을 위한 무대로서 밀레니엄 브리지의 가능성은 무궁무진하다. 지난 2007년 영국 국립발레단이 기부를 위한 캠페인의 일환으로 밀레니엄 브리지 위에서 〈백조의 호수Swan Lake〉를 연습한 것은 좋은 예다. 북쪽으로는 세인트 폴 대성당, 남쪽으로는 테이트 모던을 배경으로 양옆에 늘어선 우아한 발레리나들의 모습은 그 자체로 한 폭의 그

1	2
	3

1 보행자가 강변으로 내려가며 한 번 더 세인트 폴 대성당을 감상하도록 유도한 디자인
2 런던에서 가장 많은 사람들이 왕래하는 보행로이자 휴식공간으로 자리매김한 피터스 힐
3 독특한 공연과 행사장으로도 사랑받는 밀레니엄 브리지 ⓒ Alamy

KIPPENBERGER
ALBERS & MOHOLY-NAGY
WWW.TATE.ORG.UK

림이다. 이후 밀레니엄 브리지는 독특한 발레 공연과 행사가 거행되는 무대로 자리매김했고, 그때마다 많은 사람들의 박수갈채를 받았다.

이뿐만이 아니다. 오늘날 밀레니엄 브리지는 정부나 개인을 가리지 않고 중요한 상징성을 지닌 행사와 이미지 촬영을 위해 가장 선호하는 장소다. 2012년에는 런던올림픽에 참여하는 영국 대표팀을 응원하기 위해 역대 올림픽 메달리스트들이 밀레니엄 브리지에 모여 화보를 촬영하기도 했다. 이외에도 밀레니엄 브리지에서 영국을 대표하는 영화, 드라마, 뮤직비디오 등을 촬영하는 모습은 흔히 볼 수 있는 일상으로 자리 잡은 지 오래다. 밀레니엄 브리지로 연결된 세인트 폴 대성당과 테이트 모던은 통합과 변화를 상징하는 21세기 런던의 비전을 그대로 투영한다. 이 얼마나 멋진 무대인가!

○ 지속가능한 도시재생을 위한 위대한 조연

오늘날 다리 디자인에는 그 어느 때보다 높은 수준의 공법과 첨단 재료가 적용되는 만큼, 드러난 결과물 또한 무척 화려하다. 이에 반해 밀레니엄 브리지는 최근에 건설된 다른 다리들과 비교해 외형적으로 크게 두드러지지 않는다. 그 대신 세인트 폴 대성당과 테이트 모던을 보행자 전용 거리로 편안하게 연결함으로써 오랫동안 단절된 템스강 남북을 어우르고 런던을 통합하는 출발점을 만들었다. 특히 1000년이 넘는 시간 동안 런던의 심장부로 자리매김한 부유한 시티 지역과 가난한 서더크 지역을 연결했다는 점에서 밀레니엄 브리지가 낳은 성과는 무엇과도 비교할 수 없다.

흔히 영화나 스포츠에서 '위대한 조연'이라는 표현을 사용한다. 이들은 주인공과 비교해서 스포트라이트를 받지 못하지만, 영화의 성공과 경기의 승리를 위해 없어서는 안 되는 소중한 역할을 소화한다. 포스터가 처음부터 의도했듯이 밀레니엄 브리지는 절제되고 소박한 모습으로, 런던의 상징인 세인트 폴 대성당과 테이트 모던을 빛내는 조연 역할을 충실히 수행한다.

만약 밀레니엄 브리지가 없었다면, 그리고 이러한 개념으로 디자인되지 않았다면 지금과 같은 변화와 그에 따른 경제적, 문화적, 사회적 시너지 효과를 기대할 수 있었을까? 아마도 불가능했을 것이다. 밀레니엄 브리지는 21세기 런던의 지속가능한 도시재생을 견인하는, 주연을 능가하는 위대한 조연이다.

활력을 얻은 런던시청 주변의 강변 산책로와 공공공간

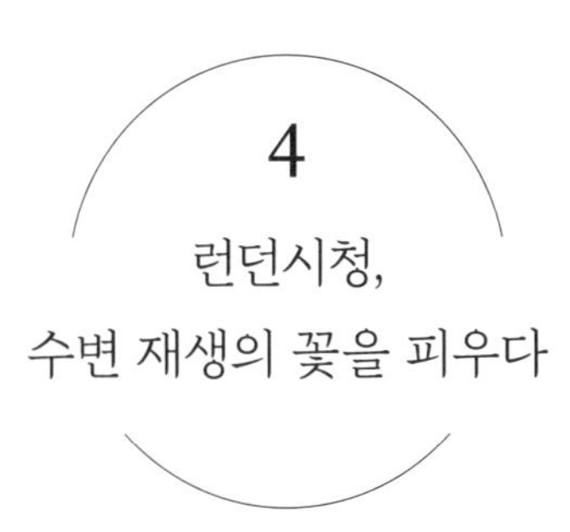

4 런던시청, 수변 재생의 꽃을 피우다

유럽 도시들은 공통적인 도시 구성 방식을 갖는다. 규모와 형태는 다르지만 상징 광장을 중심으로 대성당과 시청이 자리 잡고, 그 외에 중요한 정치, 행정, 문화예술 관련 건물이 광장 주변을 에워싼다. 이와 같은 구성은 전형적인 그리스 로마 문명의 영향으로써 유럽 대부분의 도시들이 비슷한 원리를 따랐고, 전쟁이나 재난 등의 불가피한 상황이 발생하지 않는 한 큰 변화 없이 현재까지 유지한다. 그러므로 오늘날 유럽 주요 도시들의 시청은 보통 수백 년의 역사를 자랑하고, 낡았을지라도 신축하는 것은 거의 고려하지 않는다.

정치, 경제, 사회, 문화 모든 면에서 오랜 역사와 전통에 기반한 대도시인 런던이 2002년 새로운 시청의 완공을 발표한 것은 그 자체로 세계적인 화제가 되었다. 이후 런던시청은 독특한 디자인과 예상치 못한 위치는 물론이고, 공간 구성 등에서 많은 이야깃거리를 낳았다. 물론 칭찬 일색만은 아니었고, 21세기에 건립된 가장 특이하거나 못생긴 건물이라는 달갑지 않은 평가도 뒤따랐다. 그렇다면 '런던시청'에는 과연 무슨 일이 벌어졌던 것일까?

런던은 33개의 자치구Borough로 구성되고, 런던시청은 자치구를 총괄하는 광역정부의 역할을 담당한다. 지방자치가 굳건하게 뿌리 내린 영국에서는 모든 면에서 자치구의 책임이 크므로 광역정부의 규모는 다른 대도시에 비해 작은 편이다. 새로운 시청 건물이 건립되기 전까지 런던시청은 웨스트민스터 국회의사당에서 템스강을 건너 맞은편에 자리한 '카운티 홀County Hall'에서 업무를 보았다. 카운티 홀은 1911년에 건립된 6층 규모의 바로크 양식baroque style 건물로, 위치는 양호하지만 건축적으로나 공간적으로 두드러진 특징은 없었다. 다른 유럽 대도시의 시청들과 비교하면 무척 소박한 건물이었다.

공식적으로 런던시의 행정을 담당하는 광역정부는 지방정부법에 근거해 1889년부터 존재했는데 이후 정치적 상황에 따라 명칭, 규모, 역할이 지속적으로 변했다. 그중에서 가장 파격적인 사건은 런던 광역정부의 폐지다. 1986년 마거릿 대처 수상은 당시 야당이었던 노동당과의 갈등 과정에서 런던 광역정부를 전격적으로 폐지했다. 이 사건 이후 런던시청이 담당했던 행정 기능은 여러 개의 다른 기관으로 분산되었고, 공식적으로 2000년까지 런던에는 시청이 존재하지 않았다. 20세기 후반에 모든 면에서 세계화를 주도했던 런던에 시청이 없었다는 사실은 참으로 믿기 어렵다.

20세기가 끝나기 전에 다시 한번 정치에서 변화의 바람이 불었다. 1997년에 토니 블레어Tony Blair 수상을 앞세워 정권을 되찾은 노동당은 중앙정부와 지방정부에 변화를 모색했고, 그중에서도 10여 년 전에 해체된 런던 광역정부의 부활은 상징적 의미를 가졌다.[1] 새로운 분위기 속에서 2000년에 런던 역사상 최초로 켄 리빙스턴Ken Livingston 이 선거를 통해 런던시장으로 선출되었고, 그는 21세기를 주도할 새로운 런던의 출발을 선언했다. 그렇게 2000년에 새로운 시장이 선출되고, 2002년에 새로운 시청이 완공되면서 런던은 본격적으로 21세기의 출항을 시작했다.

○ 모어 런던

런던은 템스강을 빼고 이야기할 수 없을 만큼 강을 중심으로 발전한 전형적인 수변도시다. 런던의 경제를 지탱하는 수많은 산업시설과 발전소를 포함한 대부분의 기반시설도 템스강 주변에 집중적으로 건립되었다. 특히 템스강 남쪽에는 17세기부터 무역과 물류 수송을 위해 부두와 창고가 집중적으로 건립되었고, 200년이 넘게 영국 해상무역의 전초기지 역할을 담당했다.

그러나 20세기 중반을 넘어서면서 대부분의 산업시설이 도시 외곽으로 이전함에 따라 템스강 남쪽은 북쪽과는 전혀 다른 양상으로 급격히 쇠퇴했다. 본래 템스강 남쪽에는 산업시설과 기반시설 외에 별다른 공공시설이 없었으므로 주거와 생활환경은 무척 열악했다. 경제적, 사회적, 환경적, 문화적 수준을 평가한 객관적 수치에서 33개의 런던 자치구 중 최하위권에 속한 서더크, 램버스Lambeth 등이 모두 템스강 남쪽에 자리한 것은 결코 우연이 아니다.

런던시는 새로운 시청의 건립을 추진하면서 무수히 많은 후보지를 비교 및 검토했다. 기록에 따르면 무려 80여 개 대상지가 물망에 올랐으니 사실상 런던 지도를 펴놓고 모든 가능성을 살펴본 셈이었다. 런던 역사상 처음으로 건립하는 독립된 시청이고, 수백 년 이상 변치 않는 역할을 할 것으로 기대했으므로 너무나 당연한 과정이었다.

오랜 검토를 마친 후에 최종적으로 선정된 시청 부지는 일반인과 전문가의 예상을 크게 벗어났다. 충격적이었다는 표현이 조금 더 적절할 듯싶다. 부지는 타워 브리지Tower Bridge 남단의 헤이스 워프Hay's Wharf 근처의 쇠퇴한 강변이었다. 과거에 방적 공장과 부두가 자리 잡았다가 모두 문을 닫고 방치된 장소이고, 1980년대부터 '런던 브리지 시티London Bridge City'라는 이름으로 재생사업이 추진 중이었다. 보편적으로 기대하는 상징성이나 접근성은 물론이고, 잠재력도 쉽게 발견할 수 없는 부지였다.

런던 브리지 시티 재생사업은 템스강변의 1만 5000여 평의 유휴지를 복합 상업공간으로 개발하는 프로젝트였다. 비록 대규모 활성화 사업이 추진 중이었지만 런던에서 가장 낙후된 지역이고, 접근하기도 어려운 강변이므로 상식적인 시청의 입지 조건과는 거리가 멀었다. 무엇보다 버스와 지하철 등의 대중교통과 인접하지 않았으므로 부지에 대한 시민들의 의구심은 이만저만이 아니었다.

여러 면에서 열악한 조건임에도 불구하고 런던시는 왜 이러한 예상 밖의 결정을 내렸을까? 무엇보다 중요한 이유는 시청이 이미 번화한 도심에 자리하는 것은 도시 발전에 도움이 되지 않는다는 판단 때문이다. 시청은 필연적으로 관련된 부가 업무 기능과 서비스 기능을 동반하므로 시청 자체를 넘어 집단적 행정공동체다. 시청 자체와 연관 사무실, 그리고 각종 서비스 업무 관련 종사자를 합치면 어마어마한 수의 유동 인구로 구성된다. 이러한 관점에서 떠올릴 수 있는 역발상은 소외된 지역에 시청이 자리하면 주변 지역을 활성화시키는 강력한 원동력이 될 수 있다는 것이다. 시청과 주변 사무실에서 일하는 직원들은 물론이고, 시청을 이용하는 시민들로 안정적인 유동 인구를 확보하는 것은 쇠퇴 지역을 개선하는 결정적인 힘이다.

이미 런던 브리지 시티 재생사업을 추진 중이었던 '세인트 마틴스 부동산 투자 그룹St Martins Property Group'은 계획 부지 안에 런던시청을 건립해 런던시에 25년간 장기 임대하는 방식으로 런던시와 계약을 체결했다.[2] 런던시의 입장에서는 부지를 매입해 시청을 건립하는 것과는 비교할 수 없을 정도로 좋은 조건이었다. 세인트 마틴스 부동산 투자

그룹은 시청을 유치함으로써 추진 중인 재생사업이 시너지 효과를 낼 수 있으리라 기대했다. 현재 이 지역은 런던 브리지 시티보다 '모어 런던More London'이라는 명칭으로 불리고, 부지 내에 건립된 건물명에도 통일해서 사용한다.

모어 런던이라는 직설적인 이름이 흥미로운 이유는 런던의 쇠퇴 지역을 재생해서 새로운 가치를 창출한다는 의미이고, 그 핵심에 런던시청이 자리하기 때문이다. 런던에 새로운 가치를 '더한다'는 의미로 해석할 수 있다. 쇠퇴 지역을 활성화하는 도시재생사업에는 다양한 주체들이 주도적인 역할을 담당하지만 런던시청처럼 관공서가 중심에 놓인 경우는 흔치 않다. 런던다운 접근이라고 해야 할까?

○ 새 시대를 여는 가장 시청다운 시청

런던시청의 부지 선정 과정에서 보여준 신선함은 완공에서 정점에 달했다. 노먼 포스터가 디자인한 시청은 한마디로 파격 자체였다. 웃지 못할 에피소드 중의 하나는 런던시민들의 상당수가 여전히 시청 건물을 호텔로 생각한다는 것이다. 그만큼 런던시청의 모습은 보편적으로 생각하는 사무용 건물은 물론이고, 관공서 건물과도 거리가 멀다. 런던시청의 독특한 외관은 여러 가지 별명을 낳았다. 스타워즈의 다스베이더 헬멧Darth Vader's Helmet, 오토바이 헬멧, 달걀Egg, 쥐며느리Wood louse

등이다. 대부분이 건물의 외형에서 드러난 유기적인 형태와 곡선으로 인한 별명이다. 어쨌든 시청 건물이 여러 가지 별명을 얻었다는 사실 자체가 놀랍다.

포스터는 왜 이러한 파격적인 형태의 시청 건물을 디자인했을까? 일부 언론에서는 이를 포스터의 기발하고 독특한 디자인 개념이라고 소개했지만, 그다지 적절한 설명이 아니다. 런던시청은 멋진 형태를 창조하려는 의도보다 '친환경 건축'을 실현하는 과정에서 탄생한 성과물이다.[3] 조금 더 자세히 살펴보자. 높이 45미터에 10층 규모의 런던시청은 사실상 앞뒤의 구분이 따로 없다. 상식적으로 판단하면 템스강과 면한 쪽이 앞쪽에 해당하니 건물의 정면이라고 부를 수는 있다.

런던시청과 모어 런던 전경 © Alamy

포스터가 성취하려는 목표는 단순 명쾌했다. 이 정도 규모의 높이와 면적의 보편적인 박스 형태의 사무용 건물과 달리 런던시청은 하나의 정형화된 면을 갖지 않는다. 이러한 경우 박스 형태와 비교해 건물 전체의 표면적이 약 25퍼센트가량 줄어든다. 표면적의 감소는 공사 비용은 물론이고, 유지 관리 비용도 크게 절감한다. 반면 표면적이 줄어든 대신 건물의 모든 면으로 쉽게 태양열을 흡수하므로 자연 채광으로 건물 유지를 위한 에너지의 약 70퍼센트를 충당할 수 있다.

또한 런던시청은 철저하게 창을 통한 자연 환기가 가능하도록 디자인되었고, 실제로 한여름에도 거의 냉방을 하지 않을 만큼 효과가 탁월하다. 이는 간과하기 쉬운 부분이다. 소위 인텔리전트빌딩intelligent building을 표방하는 도시의 최첨단 건물들은 창이 밀폐된 형식으로 디자인되어 전기를 이용해 냉난방과 환기를 하므로, 보기는 좋을지 모르나 사실상 에너지를 잡아먹는 괴물에 비유된다.

런던시청의 친환경 성능은 이미 많은 과학적, 객관적 수치를 통해 입증되었다. 그런데 런던시청의 독특한 형태가 낳은 효과는 단순히 에너지를 절감하는 것 이상이다. 건물 전체가 내부에 산책로 형식의 보행로를 갖고, 최고의 공공공간 역할을 수행한다. 강변 방향에서 정문을 거쳐 건물의 내부에 들어서면 간단한 소지품 검사를 받은 후에 나선형 경사로를 통해 아래나 위로 이동할 수 있다. 건물의 바깥쪽에 자리한 완만한 경사로는 밝고 편안한 공간으로서 이곳을 걷는 것 자체가 휴식이나 다름없다. 시청 직원들이 업무를 보는 공간은 건물의 중앙에 위치해 방문객의 동선과 완전히 분리되므로 경사로를 오르내리는 방문객이 아무리 많아도 업무에 지장을 초래하지 않는다.

로비에서 왼쪽의 경사로를 따라 아래로 내려가면 카페와 전시공간이 자리한다. 완만한 경사로의 벽면에는 주로 시민들의 그림이나 사진으로 구성한 기획 전시를 개최하고, 내려가면서 눈에 들어오는 중정 바닥에는 런던 전체의 위성사진을 새겨놓았다. 지하 1층에 해당하는 카페는 시청 직원은 물론이고, 방문객 또한 언제나 편안하게 간단한 식사와 음료를 즐길 수 있도록 다목적 휴식공간으로 조성했다. 종종 런던시장이 식사하는 모습도 볼 수 있고, 시청 직원들이 회의를 하거나 민원인을 만나는 경우도 목격할 수 있다.

로비에서 오른쪽의 경사로를 따라 걸어 올라가면 '시의회실chamber'과 연계되고, 이곳의 복도도 시민들을 위한 전시공간으로 사용된다. 짐작하건대 시의회실은 방문객들이 외부 형태보다 더 놀라는 의외의 공간일 것이다. 전체 시청의 가운데 자리 잡은 시의회실은 유리를 통해 시각적으로 완전히 노출되어 누구나 회의를 참관할 수 있다. 한마디로 민주주의를 담는 새로운 형식의 투명하고 개방적인 공간이다.

놀라운 것은 런던시가 계획 초기부터 시의회실을 다목적 홀로 계획했고, 포스터는 그에 부합하는 디자인을 제시했다는 점이다. 본래 이 공간은 시장과 시의원들의 회의와 토론을 위한 장소이지만 공식 행사가 없는 시간에는 대여할 수 있다. 250석 규모인 시의회실을 시민들이 공연이나 행사를 위해 사용할 수 있는 것은 시청이 진정으로 시

CITIES SUMMIT

1	4
2	
3	

1 내부의 나선형 경사로를 따라 자리한 카페와 전시공간
2 식사, 다과, 휴식, 미팅을 위한 다목적 공간으로 활용되는 지하 1층의 카페
3 공식 일정이 없을 때 공연과 행사를 개최하는 시민 공간으로 개방되는 시의회실
4 자연 채광과 환기가 가능하도록 런던시청 상부의 한가운데 설치된 나선형 계단

민을 위한 공간임을 확인하게 한다.

포스터는 '지속가능성sustainability'이 런던시청 디자인의 출발점이고, '민주적 공간democratic space'이 종착점이라 설명한다.[4] 그가 친환경 디자인을 통해 지속가능성을 구현하는 건축가로 명성을 떨치는 만큼 지속가능성은 충분히 이해하지만, 민주적 공간은 무엇을 의미할까? 과거나 현재나 관공서 건물은 여전히 권위적인 형태와 공간으로 이루어진 경우가 허다하다. 시민들을 위해 존재하는 건물임에도 불구하고 과도한 상징성에 집착한 나머지 진부한 모습에서 크게 벗어나지 못한다.

포스터는 형식적이고 권위적인 관공서 건물을 비판하면서 투명성과 공공성을 토대로 가장 민주적인 공간을 구현했다. 그가 런던시청에서 제시한 민주적인 공간은 거창하지 않고, 누구나 편안하게 방문하고, 이용하고, 참관하고, 참여할 수 있는 장소다. 포스터는 한 손에 '지속가능성'을, 다른 한 손에 '민주적 공간'을 들고, 런던시청의 디자인을 통해 이를 성공적으로 완성했다. 겉모습은 전혀 시청답지 않지만, 내면은 가장 시청답다.

○ 템스강변의 공공공간

주변 일대에 끼친 도시재생 효과 면에서 런던시청의 공헌은 크다. 아마도 신선하다는 표현이 적절하리라 생각한다. 지형적으로 런던시청은 아래쪽으로 런던 브리지, 위쪽으로 타워 브리지 사이에 자리한다. 적어도 런던시청이 건립되기 전까지 방문객들이 두 개의 다리 사이에 자리한 이 장소를 와야 할 이유는 전혀 없었다. 맞은편의 런던을 대표하는 역사 유적지인 타워성을 찾은 방문객은 타워 브리지 위에서 사진을 찍으면서 템스강 일대를 감상할 뿐 남쪽으로 내려오지 않았다. 딱히 그래야 할 필요가 없었고, 템스강의 남쪽은 볼거리도 없을뿐더러 편안하게 산책할 수 있는 보행 환경도 아니었다.

이러한 상황에서 2002년에 런던시청이 완공되었고, 이어 2003년에 주변 일대의 모어 런던이 마무리되자 과거와 전혀 다른 상황이 전개되었다. 무엇보다 중요한 것은 런던시청을 중심으로 강변에 넓고, 편안한 산책로와 공공공간 그리고 휴식공간이 조성되었다는 점이다. 런던시청은 오로지 걸어서만 접근할 수 있으므로 주변 전체가 완벽한 보행 친화형 수변 공간으로 이루어져 있고, 곳곳에 흥미로운 거리가구와 조각품을 설치해 경관적으로도 우수하다.

대중교통을 이용해 런던시청에 가려면 지하철을 타고 '런던 브리지역London Bridge Station'에서 내려야 한다. 지하철역에서 내려서 '툴리 거리Tooley Street'를 건너면 직선으로 곧게 뻗은 보행 전용 거리인 '모어 런던 리버사이드More London Riverside'가 등장한다. 거리 양옆에 자리한 건물이 만든 액자와 같은 긴 시각틀을 통해 강 건너편에 자리한 타워성의 아름다운 모습이 눈에 들어온다. 보행객을 강변으로 안내하는 표지판이나 다름없다. 이것이 강변에 자리 잡은 런던시청과 이를 에워싼 모

수변 산책로와 광장으로 조성된 모어 런던 리버사이드

어 런던이 만든 탁월한 환경이다. 방문객은 모어 런던 리버사이드 거리에 들어선 순간부터 편안하게 런던시청 주변을 감상하며 템스강변으로 걸어간다. 런던시청으로 향하는 거리로 계획된 모어 런던 리버사이드는 템스강변과 'T' 자로 만나면서 거대한 복합 수변 공간을 조성하고, 주변 일대의 활성화를 자극한다.

여기에서 끝이 아니다. 모어 런던 리버사이드를 걸어서 런던시청 주변에 이르면 넓고, 깔끔하고, 편안하게 정리된 옥외 공간이 등장한다. 광장과 산책로가 어우러진 이곳은 평소에는 휴식공간으로 사용되지만 정기적으로 흥미로운 전시와 행사가 개최되는 다목적 공간이다. 또한 이곳의 어느 위치에 서 있든, 왼쪽에는 런던 경제의 상징인 뱅크 지역의 화려한 모습이, 오른쪽에는 타워성과 타워 브리지의 웅장한 모습이 한눈에 들어온다. 전통적인 런던과 현대적인 런던의 모습을 한눈에 감상하는 조망공간이다.

한편, 런던시청의 공공 환경은 양옆에 조성된 두 개의 공공공간으로 더욱 빛을 발한다. 먼저 런던시청의 동쪽에 자리한 기존의 '포터스 필즈 파크Potters Fields Park'다. 본래 이 공원은 17세기에 조성되었는데 런던시청이 완공된 이후 새롭게 단장해 매력적인 녹지가 되었다. 포터스 필즈 파크는 2007년 테라스 형식의 다목적 공원으로 개선되어 템스강을 조망하면서 휴식을 취할 수 있는 멋진 수변 공공공간으로 탈바꿈했다.

4500여 평 규모의 포터스 필즈 파크는 절제된 조경과 어우러진 잔디 공원으로 시민과 방문객 모두가 사랑하는 장소다. 특히 이곳은 뒤쪽의 툴리 거리와 강변을 녹지로 연결하는 벨트를 이루었다는 것에 의미가 있다. 이 주변에 포터스 필즈 파크를 제외하고 녹지가 거의 없다는 점에서, 지역 주민들에게 이곳은 더욱 값진 공간이다. 마치 런던 시청을 감싸는 듯한 배치로 자연스럽게 연계되면서 강변과 만나므로 명실공히 템스강변에 자리한 최고의 녹지라 할 수 있다.

한편, 런던시청의 형태를 따라 새롭게 디자인된 삼각형 형태의 강변 방향 부지는 다양한 행사를 개최할 수 있는 다목적 공간이다. 이를 위해 시청 방향으로만 제한적으로 조경을 하고, 나머지 전체 공간은 비워진 잔디 공원으로 조성했다. 바로 앞에는 템스강이 길게 펼쳐지므로 그 자체로 최상의 자연환경이다. 이곳에서는 설치미술을 중심으로 다양한 기획 전시와 페스티벌 등이 개최된다.

특히 포터스 필즈 파크에서는 흥미로운 설치미술 전시 외에도 친환경이나 사회적인 메시지를 전하는 기획 전시가 정기적으로 개최되어 전문가와 시민으로부터 큰 호응을 얻고 있다. 예를 들어, 지난 2017년에는 탐험가 레이널프 파인스Ranulph Fiennes와 모델 조디 키드Jodie Kidd가 '스카이 오션 캠페인SKY Ocean Rescue Campaign'의 일환으로 바다 오염의 심각성을 알리기 위해 길이 10미터, 무게 250킬로그램의 '플라스틱 고래Plastic Whale'를 선보였다. 이 설치물은 아름답지만 슬픈 고래라고 불러야 한다. 시민들은 고래가 바다에서 엄청난 양의 플라스틱을 먹고 죽었다는 뉴스를 종종 접하므로, 플라스틱으로 만든 고래를 보면서 다시 한번 해양 환경 보호의 필요성을 다짐하는 기회를 가졌다.

그런가 하면, 포터스 필즈 파크에서는 음식 페스티벌 또한 개최된다. 이때는 그야말로 발 디딜 틈 없을 정도로 많은 사람들이 이곳을 찾는다. 잔디밭은 물론이고, 강변 전체가 먹자 거리로 변신해 한껏 흥을 돋운다. 포터스 필즈 파크 음식 페스티벌은 음식을 파는 것 자체보다 특정 국가를 중심으로 문화를 알리고, 교류하는 데 목적이 있다. 따라서 음식 페스티벌이 개최될 때면 포터스 필즈 파크는 음식을 통한 멋진 문화 교류의 장으로 변한다.

이외에도 포스터는 런던시청의 지하 공간과 자연스럽게 연결되는 야외 공연장인 '더 스쿠프The Scoop'를 서쪽에 디자인해 강변 공공공간에 방점을 찍었다. 성큰가든sunken garden 형식으로 디자인된 더 스쿠프는 평소에는 템스강을 산책하는 시민들을 위한 아늑한 휴식공간이지만, 최대 1000명까지 수용할 수 있는 규모로 필요에 따라 다양한 외부 행사를 여는 공연장으로서 역할을 한다. 매년 6월부터 8월까지는 런던 브리지 시티 여름 페스티벌을 개최해 전 세계의 음악, 영화, 공연, 미술 등을 감상할 수 있다. 그런가 하면 크리스마스에 더 스쿠프 주변은 낭만적인 '크리스마스 마켓Christmas Market'으로도 변신한다. 도시 곳곳에 크리스마스 마켓이 열리지만 템스강변의 시청 앞마당에서 열리는 크리스마스 마켓은 방문객의 발길을 사로잡는 데 단연 으뜸이다. 템스강을 마주하고, 런던시청의 한 부분으로 조성된 더 스쿠프는 런던에서 가장 매력적인 다목적 외부 공간이다.

○ 도시재생의 새로운 이정표

전통적으로 템스강을 대표하는 수변 공간은 서쪽의 사우스 뱅크 지역이다. 테이트 모던을 중심으로 한 뱅크사이드 일대도 런던시청에서 서쪽 방향으로 아래쪽에 자리한다. 이것이 바로 템스강변의 불모지나 다름없던 부지에 런던시청이 건립된 목적이자, 그 존재가 더욱 특별한 이유다.

사우스 뱅크와 테이트 모던 주변은 현재 복합 문화예술지구로 성장 중이다. 따라서 위쪽에 자리한 런던시청은 사우스 뱅크에서 테이트 모던을 거쳐 런던시청까지 이르는 거대한 '수변 공간 네트워크'를 구축한다. 현 시점에서 충분히 상상할 수 있는 가까운 미래의 모습은 템스강 남쪽 전체를 연계하는 거대한 수변 산책로다. 머지않아 런던 시민과 방문객은 템스강 남쪽 전체를 걸으면서 런던을 즐기는 시대를 맞이할 것이다.

런던시청뿐만 아니라 주변은 관공서와 사무공간 그리고 이를 지원하는 공공공간을 중심으로 도시재생에 성공했다. 그야말로 독창적인 도시재생의 이정표를 세웠다. 런던시민들에게 시청은 단순히 민원을 상담하고 처리하는 장소로 존재하지 않는다. 런던시청은 볼거리, 즐길거리, 먹을거리 그리고 건강한 세상을 위해 함께 공유하는 메시지를 얻는 장소다. 과연 전 세계에서 이보다 더 멋진 시청이 어디에 있을까.

sky ocean rescue
#OceanHero

| 1 | 3 |
| 2 | |

1 2017년 포터스 필즈 파크의 스카이 오션 캠페인에서 전시된 플라스틱 고래
2 음식 페스티벌을 통해 문화를 알리고 교류하는 장소로 유명한 포터스 필즈 파크
3 런던시청과 결합된 야외 공연장인 더 스쿠프에서 행사 중인 모습

템스강변의 아름다운 산업경관, 샤드 템스

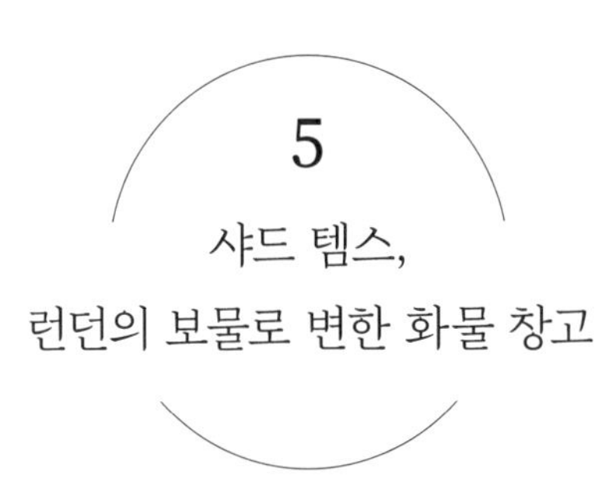

5
샤드 템스, 런던의 보물로 변한 화물 창고

강을 품은 수변도시는 많은 장점을 갖는다. 무엇보다 강은 무역의 통로이자 활발한 문화예술 교류의 장이고, 그 자체로 시민들을 위한 훌륭한 공공공간이다. 따라서 과거에는 대부분의 도시가 강을 중심으로 번영했고, 오늘날에도 여전히 많은 도시가 그러하다.

그러나 수변도시에 장점만 있는 것은 아니다. 교역이 강을 통해 이루어지므로 강변에는 선착장과 창고를 중심으로 수많은 산업시설들이 빼곡하게 건립된다. 이렇게 건립된 산업시설은 활발하게 운영될 때는 별다른 문제가 없지만, 쇠퇴할 경우 다른 산업으로 전환하는 것이 거의 불가능하다. 따라서 쇠퇴한 수변 산업시설은 주변 일대에 광범위하게 부정적인 영향을 미친다. 환경 파괴는 물론이고, 낡은 산업시설로 가득 찬 넓은 지역은 마치 도시의 커다란 블랙홀처럼 방치된 채 거의 회복이 불가능한 폐허로 전락한다.

런던은 15세기를 전후로 이미 수변도시로서 명성과 부를 축적했다. 그러므로 자연스럽게 런던의 전성기는 템스강의 역동적인 모습을 배경으로 묘사되곤 한다. 이 중에서 '샤드 템스Shad Thames'는 런던을 동서로 가로지르는 템스강 전체에서 가장 넓은 창고지대가 자리 잡은 무역의 중심지였다. 샤드 템스는 정확히 타워 브리지 동쪽에 조성된 '버틀러스 워프Butler's Wharf' 뒤쪽의 좁은 거리다. 보행자를 위한 일반적인 거리라기보다 창고 뒤편에 자리한 뒷골목 정도라 할 수 있다. 전체적으로 샤드 템스는 'ㄱ' 자 형태로서 동서 방향으로 약 350미터, 남쪽으로 250미터 가량의 규모다.

공간적으로 샤드 템스의 출발점이라 할 수 있는 버틀러스 워프는 1873년에 초콜릿 비스킷을 제조하는 공장으로 건립되었고, 다목적으로 활용할 수 있는 창고를 포함했다. 창고에는 주로 각종 향신료와 커피 등의 원재료가 보관되었고, 특히 세계 최대 규모의 차Tea 저장고가 자리한 것으로 명성을 떨쳤다. 전체 부지는 약 3만 평으로 당시에도 예외적으로 큰 규모였다. 샤드 템스 거리를 따라 건립된 버틀러스 워프와 일련의 창고는 황토색 런던 벽돌London brick 건물로서 강변에 길게 늘어서 전형적인 '산업경관industrial townscape'을 이루었다. 전체적으로 창고는 7~8층 규모로 건립되었는데, 시각적으로나 구조적으로 가장 두드러진 부분은 샤드 템스 거리를 사이에 두고 앞뒤의 건물 중층과 최상부를 철재 다리로 거미줄처럼 연결시킨 구조다.

다리 자체가 아름다운 것은 아니지만 거리 양쪽의 건물을 연결한 수십 개의 다리는 장관을 이룬다. 철재 다리는 인부들이 건물 밖으로 나오지 않고 내부에서 효과적으로 화물을 이동하기 위해 설치되었는데 현재도 최상부의 일부가 원형 그대로 보존되었다. 샤드 템스 거리에서 보면 앞뒤 건물을 가로지르는 철재 다리는 마치 공중 정원이나 공중 보도처럼 독특한 모습이다. 이는 시간이 지나면서 버틀러스 워프와 샤드 템스를 상징하는 아이콘으로 자리 잡았다. 이처럼 원형을 유지한 구조물은 런던은 물론이고, 다른 지역에서도 좀처럼 보기 어렵다.

화물을 쌓아두는 창고였던 만큼 내부 공간은 거의 동일한 격자형으로 최대한 단순하게 계획되었고, 일부 설비와 서비스를 위한 공간이 전부였다. 19세기 무렵, 템스강을 통한 무역이 전성기에 이르렀을 때는 이곳으로 하루에도 수십 척의 무역선이 쉴 새 없이 화물을 실어 날랐고, 수천 명의 인부가 밤낮을 가리지 않고 작업했다. 강변에서 보면 샤드 템스 일대는 그야말로 불야성을 이루었다.

그러나 영국 역사상 최고의 황금기로 여겨졌던 1837~1901년의 빅토리아 시대Victorian age를 지나면서 해상무역은 점차 사양길에 접어들었고, 영원할 것 같았던 템스강의 영광도 예외는 아니었다. 템스강은 더 이상 대형 선박들이 밤낮을 가리지 않고 드나들던 장소가 아니었다. 쇠퇴한 템스강변의 모습은 상상하기 어려울 만큼 초라했다. 강변을 따라 늘어선 창고들은 생기를 잃고 무거운 분위기를 연출했고, 화물 운송을 위해 설치된 대형 크레인들은 검붉게 녹슨 채로 곳곳에 방치되었다. 썩은 목재들 또한 사방에 위험하게 나뒹굴었다. 주변에는 더 이상 인적을 찾기 어려웠고, 이곳은 순식간에 각종 범죄가 발생하는 골칫거리로 전락했다.

샤드 템스의 상황은 더욱 참혹했으니 쇠퇴한 산업도시의 어두운 단면이 고스란히 드러난 셈이다. 이후 샤드 템스의 부정적인 이미지는 영국의 소설과 영화에 단골로 등장했는데, 특히 찰스 디킨스Charles Dickens의 1838년 장편소설 『올리버 트위스트Oliver Twist』 속 배경이 된다. 디킨스는 영국 산업사회의 폐해를 신랄하게 비판하기 위한 침울한 장소로서 샤드 템스를 선택했다. 이 소설에서 디킨스는 샤드 템스를 지저분하고, 썩은 내가 진동하는 도시의 뒷골목으로 묘사했으니, 과거 영광의 시대를 떠올릴 때 이 얼마나 아이러니한가.

○ 예술가의 아지트로

1972년 샤드 템스에 자리한 마지막 창고가 문을 닫았다. 그러나 이는 단순히 창고가 문을 닫은 것을 넘어 100년간 번영했던 템스강변 해상무역의 막이 내려진 것을 의미했다. 런던뿐만 아니라 19~20세기 동안 해상무역을 통해 번영한 유럽 대부분의 항만도시들이 직면한 피할 수 없는 현실이었다. 버틀러스 워프를 위시한 창고지대는 물론이고, 샤드 템스 거리 전체가 문을 닫았다. 런던시민은 물론이고, 방문객도 더 이상 이곳을 찾을 아무런 이유가 없었다.

그러나 문을 닫은 창고와 주변에 큰 관심을 가진 사람들이 있었다. 런던은 물론이고, 지방에서 활동하는 일단의 예술가들이었다. 이는 20세기 후반에 주요 유럽 도시들에서 등장한 전형적인 현상이었다. 예술가들의 눈에 들어온 낡은 창고와 활력을 잃은 거리는 오히려 자유로운 창작의 원천이었다. 창고의 기본적인 평면인 정방향의 넓은 공간은 예술가들의 작업과 전시를 위해 안성맞춤이었고, 템스강과 마주한 지리적 조건은 있는 그대로 작품의 일부로 활용하기에 적격이었다.[1] 또한 경제적으로 여유롭지 못한 예술가들에게 현실적인 조건도 무시할 수 없었다. 런던 중심에서 불과 10여 분 정도 거리이지만, 샤드 템스 주변 창고의 임대료는 고작 시내의 3분의 1 수준에 불과했다.

당시 샤드 템스 거리에 자리한 대부분의 창고는 민간 소유였으므로 비워두는 것보다 적은 비용을 받고라도 임대를 주는 편이 나았다. 버틀러스 워프의 소유주였던 타운 앤드 시티 부동산 주식회사Town and City Properties Group Ltd는 몇몇 소규모 회사에 단순한 창고로 임대하는 것보다 예술가들의 창작공간으로 사용되는 것이 여러모로 유리하다고 판단했다. 무엇보다 창작공간이 예술가들은 물론이고, 시민들을 불러 모으는 유인 요소로서 충분한 가능성을 지녔기 때문이다. 이를 통해 샤드 템스 지역이 어느 정도 활력을 회복할 수 있을 것으로 기대했다.

이렇게 변신을 시작한 샤드 템스의 낡은 창고들은 순식간에 '예술가의 아지트'로 탈바꿈했다. 화가, 조각가, 판화가, 사진가, 무용수, 공연가, 영화제작자, 수공예 장인 등이 각자의 용도에 맞게 창고를 임대해 창작공간으로 사용했다. 지리적, 공간적 장점 때문에 어느 정도 예상은 했지만 이 정도로 인기가 있으리라고는 누구도 예상치 못했다.

변화의 바람이 불기 시작한 지 불과 몇 년 만에 샤드 템스 주변에 약 150여 명의 예술가들이 입주함으로써 이곳은 단숨에 런던을 대표하는 예술촌으로 발돋움했다. 이때부터 샤드 템스라는 단어는 문화예술인들은 물론이고, 도시 전문가들 사이에서 언급되기 시작했다. 지금은 보편적이지만 1960~70년대에 단일 건물 안에 여러 분야의 예술가들이 모여서 작업하고, 필요에 따라 협업하는 것은 그리 일상적이지 않았다. 대부분의 예술가들은 집에서 혹은 시내의 조그마한 작업실에서 활동했다. 그러므로 한 지역에, 그것도 쇠퇴한 부둣가의 창고지대에 150여 명의 다양한 예술가들이 모여서 작업한다는 사실 자체는 뉴스거리가 되기에 충분했다.

단순히 예술가들이 모여서 작업한다는 사실 뿐만 아니라 팝아티스트인 데이비드 호크니David Hockney, 전위적 영화감독인 데릭 저먼Derek Jarman, 보석 공예가 앤드류 로건Andrew Logan, 추상화가 하워드 호지킨Howard Hodgkin 등과 같은 비중 있는 작가들이 활동했기에 샤드 템스의 명성은 더욱 빠르게 커졌다. 당시에도 이들의 명성은 상당했지만, 훗날 이들이 영국 예술계를 대표하는 거장으로 자리매김함으로써 샤드 템스가 예술적 영감을 제공했다고 할 만했다.

20세기 후반에 후기 산업사회에 접어들면서 더 이상 기능하지 못하는 산업용 건물이 예술가의 아지트로 탈바꿈한 사례는 영국은 물론이고, 유럽에서 흔했다. 그러나 단기간에 이렇게 다양한 분야의 작가들이 모여서 거대한 예술 클러스터cluster를 구축하고, 이를 통해 명성을 얻은 경우는 드물었다.

당시 영국 예술위원회의 관심과 지원은 보이지 않는 큰 힘이 되었다. 예술위원회는 경제적으로 어려운 젊은 예술가들을 지원하는 프로그램을 운영했고, 샤드 템스 주변의 창고를 임대해 작품 활동을 시작한 상당수의 작가들이 혜택을 받았다.[2] 흥미로운 것은 예술위원회가 단순히 예술가들의 작품 활동 자체만을 후원한 것이 아니라 작업실을 갖추고, 운영하는 데 필요한 경비를 지원하는 것에도 적극적이었다는 사실이다. 다시 말해, 작품에 대한 지원을 넘어 미래를 보고 안정적인 작가의 활동에 투자한 것으로 이해할 수 있다.

그러나 샤드 템스가 런던을 대표하는 예술가의 아지트로 빠르게 자리 잡아갈 무렵 예상치 못한 사고가 발생했다. 1979년 8월에 버틀러스 워프 1층의 가구 공방에서 누전으로 화재가 발생해 내부가 전소되고, 외부도 심하게 파괴되고 만다. 화재가 진압된 후에 낡은 창고가 거주와 작업공간으로 부적절하다는 결론에 도달했고, 결국 1980년에 전체 퇴거 명령이 내려졌다.

사고에 따른 부득이한 조치였으나 퇴거 명령은 당시에 논란의 여지가 많았다. 예술가들이 입주한 창고는 기본적으로 산업시설이지만 거주와 작품 활동을 동시에 하는 공간으로 사용되었으므로 사실상 처음부터 위법의 소지가 많았다. 그런 만큼 지방정부나 전문기관 차원에서 처음부터 안전사고에 대한 충분한 대비가 이루어졌는가에 대해 의문점을 남겼다. 일정 부분 방치의 책임이 있는 관할 구청과 경제적 지원을 한 예술위원회도 비판으로부터 자유로울 수 없었다.

샤드 템스 일대에 예술가들이 입주해 본격적으로 활동한 기간은 채 10년이 되지 않을 정도로 짧지만, 이곳에서 활동한 예술가들이 남긴 유산은 매우 컸다. 무엇보다 런던에서 쓸모없는 장소로 전락한 샤드 템스 일대 산업유산의 잠재력을 일깨웠고, 작품 활동과 전시를 통해 대중적인 관심도 불러일으켰다. 적어도 런던에서 샤드 템스는 매력적인 장소로 기억되었다. 그러므로 어떤 방식으로 재활용하느냐에 따라 향후 이곳의 가치는 가늠하기 어려울 정도로 높아질 것이라 평가받았다. 결국 예술가들의 창의적 활동이 예술적, 역사적, 장소적 잠재력을 자극해 경제적, 사회적 활성화를 위한 실마리까지 만들어냈다.

○ 창고 중심 수변 공간의 활성화

샤드 템스에 발생한 갑작스러운 화재는 예술가들에게 큰 불행이었지만, 샤드 템스 일대가 새로운 변화를 시도하는 기회가 되었다. 그리고

중심에는 독특한 선구자가 있었다. 영국의 사업가이자 디자이너인 테렌스 콘랜Terence Conran은 한마디로 정의하기 어려울 정도로 다재다능한 인물이다. 본래 디자인을 공부했지만 레스토랑과 상점을 운영했고, 건축가이자 작가로도 왕성하게 활동했다. 우리 사회에서 여러 분야의 예술을 섭렵한 르네상스형 전문가를 종종 볼 수 있지만 콘랜처럼 예술과 사업을 넘나드는 경우는 좀처럼 찾아보기 어렵다. 그의 화려한 이력 중에서 가장 중요한 한 가지를 꼽는다면 1964년에 영국을 대표하는 가구 및 생필품 회사인 '해비타트Habitat'를 창업한 것이다. 가구와 생필품 분야는 디자인과 사업 부문 모두에 탁월한 능력을 지닌 콘랜이 자신의 능력을 가장 잘 발휘할 수 있는 분야였다.

1981년에 콘랜은 버틀러스 워프를 중심으로 예술가들이 사용했던 창고와 거리를 아우르는 '창고 중심 복합개발' 계획안을 제출했다.[3] 샤드 템스 일대를 최대한 기존 특성을 토대로 활성화시키려는 전략이었다. 해비타트를 포함해 이미 여러 사업 분야에서 성공했고, 나름의 노하우를 축적한 콘랜은 샤드 템스 지역이 지닌 독특한 건축적, 공간적 특성을 토대로 런던을 대표하는 복합개발이 가능할 것으로 판단했다. 그러므로 그는 타운 앤드 시티 부동산 주식회사와 협력해 버틀러스 워프와 주변의 다섯 개 주요 창고인 카다몸cardamom, 클로브clove, 시나몬cinnamon, 너트맥nutmeg, 코리안다coriander를 활용하는 구체적인 방안을 마스터플랜의 형식으로 제안했다. 한편, 콘랜이 버틀러스 워프에 큰 관심을 가질 무렵 향후 샤드 템스 일대의 활성화 방향에 절대적 영향을 주는 중요한 두 가지 제도가 수립되었다.

첫째, 1978년에 타워 브리지 '보전구역Conservation Area'이 지정되었고, 여기에 샤드 템스 일대가 포함되었다.[4] 영국은 개별 건축물과 별개로 면 단위로 역사유산을 보호하는 제도를 수립해 운영하는데 핵심이 보전구역 지정을 통한 관리다. 보전구역은 한두 개의 유산을 넘어 역사적 가치를 지닌 광범위한 영역을 지정해 엄격히 관리하는 제도로, 개발 자체를 억제하는 것이 아니라 철저하게 지역 자산을 보호하면서 합리적인 개발을 유도하는 전략이다. 샤드 템스가 타워 브리지 보전구역에 포함된 것은 상징적으로나, 실제적으로 중요한 의미를 지닌다.

둘째, 1982년에 버틀러스 워프와 서쪽 건물 그리고 옆 블록에 자리한 '휘트 워프Wheat Wharf'까지 '보호건물Grade II Listed Building'로 지정되었다.[5] 영국에서는 보전구역과 별개로 역사적 가치를 보유한 건물을 세 단계로 나누어 지정 및 보호하는데 버틀러스 워프와 서쪽 건물, 휘트 워프는 산업 시대의 특별한 건축적, 역사적 의미를 지닌 건물로 평가받았다. 보호건물 지정이 중요한 이유는 샤드 템스 일대의 산업용 건물이 그 자체로 충분히 유산적 가치를 보유했고, 중장기적으로 이 일대의 개발이 보존 중심으로 추진되어야 함을 천명한 것이기 때문이다. 특히 버틀러스 워프와 휘트 워프가 템스강을 중심으로 수변 경관과 샤드 템스 일대의 건축적, 공간적, 지형적 중심을 잡는 역할을 한다는 점에서 의미가 컸다.

결국 샤드 템스 일대가 보전구역에 포함되고, 상징적 창고들이 보호건물로 지정된 것은 중장기적으로 이 일대의 활성화 방향이 기존의 장소적, 건축적 특성을 토대로 추진되는 것을 의미했다. 이와 같은 강력한 제도적 지원이 없었다면 민간이 대부분 소유한 샤드 템스 일대는 전면 재개발의 광풍에 휩싸이는 것을 피하지 못했을 것이다.

이러한 상황에서 콘랜이 제시한 마스터플랜은 철저하게 기존의 산업용 창고와 이를 연결하는 거리의 보호를 전제로 한다는 점에서 시의적절했다. 사실상 전체 여섯 개 동의 창고와 주변 거리 및 공간은 원형 그대로 보존하는 것을 원칙으로 삼았다. 이를 전제로 콘랜의 마스터플랜은 기능적 측면에서 향후 샤드 템스 일대의 새로운 변화를 위한 몇 가지 방향을 제시했다. 콘랜은 물론이고, 함께 작업한 건축가와 개발회사들은 주거, 업무, 레스토랑을 핵심 기능으로 설정했고, 이외 문화예술 및 상업 기능이 어우러지도록 계획했다. 이렇게 해서 런던에서 가장 큰 규모의 수변 창고지대는 런던, 나아가 영국 전체에서 가장 개성 있고, 매력적인 수변형 복합 단지로 변신을 시작했다.

○ 단일함에 담긴 다양함

답사와 연구를 위해 그동안 샤드 템스를 수십 차례 방문했지만, 샤드 템스는 좁은 골목을 따라 구석구석을 살펴볼 때마다 새로운 것들이 하나둘씩 눈에 들어올 만큼 매력적이다. 특히 샤드 템스를 구성하는 일련의 건물들은 모두가 나름의 흥미로운 역사와 이야기를 지니고 있으므로 그야말로 런던의 보물 창고라 부를 만하다.

한마디로 샤드 템스의 매력은 '산업유산의 집적'이다. 앞서 설명한 콘랜이 주도한 창고 활용 전략과 보전구역 및 보호건물 지정 등의 제도적 뒷받침에 힘입어 샤드 템스는 높은 수준으로 원형을 유지하는 데 성공했다. 무엇보다 중요한 사실은 단일 건물을 넘어 전체 거리와 공간을 유지했다는 것이다. 전 세계적으로 단일 산업유산 혹은 몇몇 군집된 산업유산을 보호하고 재활용하는 사례는 많아도 이처럼 산업유산으로 구성된 수백 미터에 달하는 거리의 원형과 주변 일대를 유지한 경우는 드물다. 샤드 템스를 걷다 보면 이내 타임머신을 타고 19세기로 돌아간 듯한 벅찬 감동과 마주한다.

조금 더 구체적으로 살펴보자. 먼저 버틀러스 워프는 레스토랑과 공동주택으로 개조되었다. 콘랜이 직접 개조하고 운영까지 맡은 '버틀러스 워프 촙 하우스Butler's Wharf Chop House'와 '르 퐁 드 라 투르Le Pont de la Tour'는 템스강과 마주한 최고의 레스토랑이다. 강변은 편안한 산책로와 조망을 위한 공간으로 정비되었으므로 이곳에 자리한 레스토랑은 두말할 필요 없이 최고로 낭만적인 분위기를 자랑한다.

기존 창고의 3층부터는 공동주택으로 개조되었다. 무엇보다 흥미로운 점은 건물의 원형을 최대한 유지하면서 고풍스러운 건축적 특성을 창조하는 데 성공했다는 것이다. 특히 강변 방향으로 설치된 다소 과장된 듯한 형태의 발코니는 기존의 벽돌과 독특한 조화를 이루며 시각적 아름다움을 발산한다. 내부는 완벽하게 현대적인 공간 구성과 인테리어를 갖추었고, 템스강을 향해 한껏 열려 있으므로 내부 공간의 경험은 더 이상 설명이 필요 없을 정도로 환상적이다.

버틀러스 워프가 위치나 규모 면에서 샤드 템스 일대의 중심이지만 역사적으로 이 지역의 주인공 중 하나는 서쪽에 자리한 '앵커 브루하우스Anchor Brewhouse'다. 앵커 브루하우스는 1787년에 존 커리지John Courage가 설립한 양조장으로 100여 년 동안 명성을 떨쳤다. 양조장은 1982년에 완전히 문을 닫았고, 재생사업이 추진되면서 1985년부터 공동주택, 사무실, 상가를 중심으로 재건축되었다. 기존 양조장의 구조를 유지하면서 건물을 증·개축했고, 이 과정에서 일부를 재활용했기에 곳곳에 흔적이 남아 있다. 비록 원형이 완벽하게 유지되지는 않았지만 이 건물은 버틀러스 워프와 함께 템스강 남쪽의 산업경관을 구성하는 중추적 역할을 한다.

배치상 버틀러스 워프와 앵커 브루하우스가 강변 방향으로 길게 늘어선 반면, 샤드 템스 거리를 가운데 두고 뒤쪽에 자리한 일련의 건물은 가운데를 비운 중정형 배치를 따랐다. 버틀러스 워프, 앵커 브루하우스와 달리 나머지 창고들은 강변과 직접 마주하지 않으므로 주거나 상가로서의 매력이 감소할 수밖에 없었다. 그렇지만 나머지 창고와 일련의 건물을 리노베이션한 주상복합건물은 중정을 중심으로 현대식 공동주택 단지 못지않은 높은 수준의 공공공간이라는 나름의 특성을 성공적으로 살렸다.

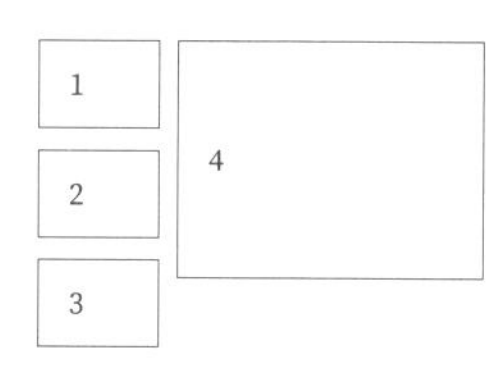

1 원형의 대부분을 간직한 샤드 템스 전경 © Alamy
2 템스강변 최고의 주상복합으로 변한 샤드 템스의 창고들
3 템스강변을 따라 조성된 산책로와 레스토랑
4 산업 시대의 원형을 유지하며 매력적인 거리로 탈바꿈한 샤드 템스

서쪽에서부터 차례로 자리한 '타워 브리지 피아차Tower Bridge Piazza' '카옌 코트Cayenne Court' '타마린드 코트Tamarind Court'는 모두 가운데 중정을 중심으로 재계획된 주상복합건물이다. 샤드 템스 거리를 통해서는 알아차리기 어렵지만, 좁은 골목길을 따라 들어가면 거리에서는 전혀 느낄 수 없던 아늑한 공간이 나타난다. 한 블록 뒤편의 단지는 템스강과 직접 마주하지 않지만 주거와 업무공간으로서는 뒤지지 않는 조건이다. 샤드 템스 일대 창고의 원형을 유지하면서 개조된 모습은 그 자체로 매력적이다.

한 가지 무척 흥미로운 점은 샤드 템스의 창고를 개조한 주거 단지와 상가가 성공적으로 안착하자, 주변 일대에 새롭게 조성된 주상복합 단지도 배치, 재료, 형태, 구성 등의 모든 면에서 기존 창고의 원형을 따랐다는 것이다. 19세기에 건립된 화물 창고를 모델로 삼아 최신 주상복합 단지를 건립했으니 이 얼마나 놀라운가. 특히 2017년에 완공된 샤드 템스에서 도보로 2~3분 거리의 '원 타워 브리지One Tower Bridge'는 최고 수준의 사무실과 서비스시설을 갖춘 런던에서 가장 인기 있는 주상복합 단지다. 샤드 템스의 창고와 구분이 가지 않을 정도로 유사한 이곳과 샤드 템스의 유일한 차이는 150여 년의 시간으로 샤드 템스의 외관이 조금 허름할 뿐이라는 것이다.

한편, 샤드 템스가 낳은 여러 가지 사연 중 특별한 이야기도 있다. 앵커 브루하우스와 버틀러스 워프의 서쪽 건물 동 사이에는 '매기 블레이크 코즈Maggie Blake Cause'라는 독특한 명칭의 골목길이 존재한다. 매기 블레이크가 이름이므로 이곳에 거주했던 유명 인사가 아닐까 하고 추측할 수 있는데 그렇지 않다.

매기 블레이크 코즈는 겨우 두 명이 지나갈 정도의 작은 골목길이지만 템스강변으로 직접 연결되므로 공간적으로 매우 중요하다. 이 일대의 개발사업을 추진하면서 애매한 넓이로 건물을 분절시키는 이 길은 없애는 것으로 결정된다. 개발자의 입장에서는 당연한 결정이겠지만, 이 경우 샤드 템스 뒤편 주민들이 템스강변으로 바로 내려가는 보행로가 차단된다. 이러한 계획을 알게 된 주민들 중의 한 명인 블레이크가 선봉에서 캠페인을 벌임으로써 길을 유지할 수 있었고 시민들에게 개방하는 데 성공했다.

이때부터 블레이크가 지역공동체를 위해 전개한 활동을 알리고, 칭송하기 위해 매기 블레이크 코즈라는 명칭이 공식적으로 사용되었다. 그러므로 매기 블레이크 코즈는 단순한 골목길이 아니고, 보다 나은 공동체를 만들기 위한 시민들의 노력을 상징한다. 블레이크를 중심으로 한 시민들의 노력과 이것을 수용한 개발 주체, 모두 충분히 박수받을 만하다.

어렵게 지켜낸 매기 블레이크 코즈를 걸어서 템스강변으로 나오면 이곳이 과연 버려졌던 산업지대였는지 믿어지지 않는다. 샤드 템스 창고를 배경으로 펼쳐진 템스강과 이곳을 편안하게 즐길 수 있는 장소는 명실공히 런던 최고의 경관과 공공성을 자랑한다. 아마도 산업유산이 창조할 수 있는 최고의 아름다움과 매력이라 해야 할 것 같다.

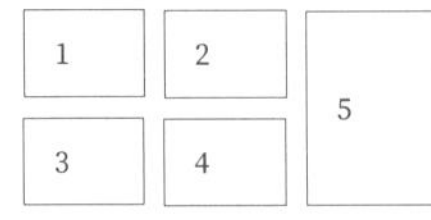

1 창고를 개조한 샤드 템스 거리의 가게들
2 중정형 창고를 리노베이션한 주상복합건물
3 창고의 원형을 유지한 채 개조된 공동주택 단지
4 창고의 원형을 따라서 신축한 원 타워 브리지 주상복합 단지
5 캠페인을 벌여 골목길을 지킨 매기 블레이크의 이름을 딴 거리

MAGGIE BLAKE'S CAUS
LONDON BOROUGH OF SOUTHWARK

다른 구간보다 좁은 거리는 강변의 오솔길이고, 다른 구간보다 넓은 거리는 강변의 앞마당이다. 그래서 좁은 구간은 좁은 대로, 넓은 구간은 넓은 대로 걷는 것 자체가 편안하고, 유쾌하다.

○ 샤드 템스가 남긴 위대한 유산

지도와 사진으로 19~20세기 템스강 남쪽의 모습을 살펴보면 산업도시로서 런던의 위용을 단번에 확인할 수 있다. 특히 강변을 따라 자리잡은 일련의 산업시설은 한마디로 장관을 이루었다. 그런데 21세기인 지금 위성사진으로 템스강 남쪽을 살펴보면 구역별로 전혀 다른 모습이 펼쳐져 있다. 과거의 흔적은 완전히 사라진 듯하다. 그러나 예외적인 지역이 한 곳 있는데, 바로 샤드 템스다. 적어도 외견상 이 지역은 과거나 지금이나 크게 차이가 없다. 이것이 다른 지역과 비교할 수 없는 샤드 템스만의 매력이다.

도시는 사회경제적 변화에 따라 필연적으로 쇠퇴와 마주한다. 쇠퇴한 지역에 남은 과거 유산을 활용할 것인가, 아닌가는 옳고 그름의 기준으로 판단할 수 없다. 충분히 활용할 수 있는 경우가 있는 반면에 모두 헐고 전면 재개발을 하는 것이 오히려 좋은 선택일 수도 있다. 그런데 적어도 샤드 템스는 기존의 산업유산과 주변 공간을 보호하고 재활용하는 것으로, 완전히 새롭게 조성하는 것 이상의 장소를 만들고 가치를 창출할 수 있음을 입증했다. 다시 말해, 도시재생의 구체적인 대안과 가시적 성과를 낳았다.

살기 좋은 도시, 즐길 만한 도시, 걷고 싶은 도시, 매력적인 도시, 아름다운 경관을 지닌 도시 등등 오늘날 우리가 추구하는 도시의 비전은 다양하다. 샤드 템스 거리를 걷다 보면 문득 어느 것 하나 부족하지 않을 정도로 성공적이라는 생각이 뇌리를 스친다. 시민과 방문객은 물론이고, 다양한 분야의 전문가들에게도 너무나 매력적으로 다가오는 이 지역은 불과 30년 전만 해도 회복이 불가능할 것으로 여겨졌다.

샤드 템스가 남긴 위대한 유산은 도시에서 불가능해 보이는 상황도 접근 방식에 따라 가능할 수 있음을 입증했다는 것이다. 샤드 템스 주변에는 여전히 많은 수의 산업용 건물이 사용하지 않은 채 방치되어 있다. 이제는 대기 중이라는 표현이 조금 더 적절하지 않을까? 그래서 더욱 흥분되고, 설렌다.

고전 원리로 충실히 재디자인된 파터노스터 광장과 주변 전경

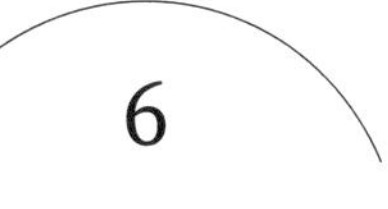

6 파터노스터 광장, 과거와 현재가 어우러진 공공공간

영국의 수도이자 세계 경제의 중심으로 자리 잡은 런던의 기원은 로마인들로부터 시작되었다. 로마인들이 런던에 입성하기 전까지 이 일대에는 유목민인 켈트족Celts이 거주했다. 그러나 43년에 로마의 율리우스 카이사르Gaius Julius Caesar 장군이 군대를 이끌고 런던을 침략한 후에 '론디니움Londinium'이라는 요새를 건립했고, 이것이 런던의 기원으로 자리 잡았다.[1] 이후 360여 년이 지난 410년 로마인들은 런던에서 철수했으나, 당시 로마인들이 건설한 런던 월London Wall의 흔적은 현재까지 도시 곳곳에 남아 있다.

한편, 런던을 넘어 영국의 정신적 지주와 같은 역할을 하는 세인트 폴 대성당의 역사는 604년에 시작되었다. 영국에 정착한 색슨족

Saxon은 론디니움의 서쪽에 자리한 언덕인 루드게이트Ludgate에 작은 나무 교회를 건립했다. 이후 성당은 크고 작은 화재로 여러 차례 소실과 건립을 반복했지만, 위치는 거의 변함이 없었기에 상징성은 고스란히 유지되었다. 특히 961년, 1087년 그리고 1666년에 발생한 화재로 건물이 전소하는 아픔을 겪었지만 1666년에 발생한 런던 대화재 이후 크리스토퍼 렌Christopher Wren이 완전히 새로운 성당을 디자인해 1711년에 완공함으로써 마침내 현재의 위용을 갖추었다.[2] 오늘날 세인트 폴 대성당은 바티칸의 '성 베드로 대성당Basilica of St Peter', 피렌체의 '산타마리아 델 피오레 대성당Santa Maria del Fiore'과 함께 세계 3대 성당으로 불린다.

새롭게 건립된 이후 세인트 폴 대성당은 200여 년 동안 비교적 평화로운 시기를 보냈으나, 제2차 세계대전과 함께 다시 한번 큰 시련을 맞았다. 1940년 9월부터 쉬지 않고 지속된 독일군의 공습은 런던 시내 전역을 초토화시켰다. 당시의 기록에 따르면 100만 채가 넘는 주택이 파괴되거나 부서졌고, 이 때문에 런던 인구의 절반에 해당하는 4만여 명이 목숨을 잃었다. 독일군의 폭격은 런던 경제의 심장부를 겨누었고, 도시의 한가운데 자리한 세인트 폴 대성당은 풍전등화나 다름없었다. 당시 독일군의 무차별 공습이 시작되었을 때 정치인과 시민 누구도 세인트 폴 대성당이 무사할 것이라고 기대할 수 없었다.

기적이 일어났다고 할까? 약 3개월 동안 독일군의 공습이 진행 중인 상황에서 1940년 12월 31일자 《데일리 메일Daily Mail》 신문에 게재된 세인트 폴 대성당의 모습은 마치 '불사조Phoenix'와 같았다. 엄청난 공습으로 발생한 화염, 먼지, 잔해 사이로 드러난 세인트 폴 대성당의 실루엣은 아이러니하게도 그 어느 때보다 아름다웠다. 논리적으로는 도저히 설명이 불가능했던 이 한 장의 사진은 당시 두려움과 공포에 사로잡힌 영국인들에게 강한 희망의 메시지를 전하기에 부족함이 없었다.

1945년 제2차 세계대전이 끝난 후 마주한 세인트 폴 대성당은 건물 외벽의 일부가 파괴되었지만 심각하지는 않아 복구하는 데 큰 어려움은 없었다. 그러나 대성당 주변의 상황은 전혀 달랐다. 정도의 차이가 있을 뿐 주변 일대는 형체를 알아볼 수 없을 만큼 폐허로 변했고, 특히 세인트 폴 대성당의 바로 위쪽은 마치 불도저로 밀어버린 듯 아무런 흔적을 찾을 수 없을 정도로 모든 것이 사라져버렸다.

○ 고전과 현대의 충돌 그리고 패착

제2차 세계대전이 끝난 후에 런던시는 공공건물, 기반시설, 주택을 중심으로 도시 재건에 박차를 가했다. 재건 작업은 예상 외로 신속하게 진행되었고, 그 결과 런던은 1960년에 접어들면서 전쟁의 상흔을 극복하고 세계 금융 중심지로서의 위상을 빠르게 회복했다. 도시가 전쟁 이전처럼 활력을 되찾자 그동안 딜레마에 빠졌던 몇몇 건물과 장소의 개발에 대한 논의가 본격적으로 전개되었다. 그러나 전쟁으로 심각하게 파괴되었지만 복구가 쉽지 않고, 우선순위에서도 밀린 경우가 많았는데, 그중의 하나가 세인트 폴 대성당 뒤편의 삼각형 부지인 '파터노스터 광장Paternoster Square' 주변이었다.

앞서 설명한 론디니움과 세인트 폴 대성당의 존재는 이 지역이 런던은 물론이고, 나아가 영국의 출발점임을 의미한다. 이러한 상징성은 전쟁 이후에 폐허로 변한 파터노스터 광장 일대의 복구가 무엇보다 중요했음에도 불구하고 결코 쉽게 접근할 수 없음을 의미했다. 단순한 기능의 회복을 넘어 세인트 폴 대성당과의 건축적, 공간적 관계를 새롭게 설정해야 했기 때문이다. 따라서 파터노스터 광장의 개발은 전쟁 후 다양한 의견이 제시되었음에도 선뜻 실행에 옮겨지지 못했다.

현재 파터노스터 광장이 자리한 지역의 고유 명칭은 '파터노스터 로우Paternoster Row'이고, 역사에 따르면 16세기경부터 공식적으로 기록되었다.[3] 1555년의 지도를 보면 세인트 폴 대성당의 위쪽 부지를 파터노스터 로우가 대각선으로 가로지르고, 주변은 전형적인 중세 시대의 좁은 거리를 중심으로 주택들이 빼곡하게 들어찬 것을 확인할 수 있다. 파터노스터 로우라는 이름은 세인트 폴 대성당에 소속된 성직자들이 줄지어 걸으면서 기도하는 거리라는 뜻에서 유래했고, 이후 거리를 중심으로 광장이 조성되었다.

흥미로운 점은 이후 파터노스터 로우 일대가 런던을 대표하는 인쇄 및 출판 지역으로 번영했다는 것이다. 세인트 폴 대성당과 인접한 만큼 성경책을 출간 및 인쇄하는 전문 업체들이 자리 잡았고, 이후

보다 다양한 분야의 인쇄 및 출판 업체들이 이곳에 모여들었기 때문이다.

제2차 세계대전 중에 진행된 독일군의 폭격은 400여 년 동안 축적된 파터노스터 로우의 역사와 흔적을 송두리째 앗아갔다. 그러므로 전쟁 이후 본격적으로 진행된 파터노스터 광장 주변의 재건 계획은 '전통'과 '현대'의 관점에서 치열한 논쟁을 불러일으켰다. 세인트 폴 대성당 바로 뒤편에 새롭게 계획하는 건물과 공간에 기존의 전통적 개념을 수용할 것인지, 아니면 당시 전 세계적으로 유행한 현대적 개념을 접목할 것인지가 관건이었다. 전쟁 이후 유사한 상황에 처한 나라들이 많았으므로 이 논쟁은 영국을 넘어 유럽 전체에서 큰 관심을 끌기에 충분했다.

무려 10년 넘게 다양한 의견과 제안이 등장한 가운데 파터노스터 지역을 책임진 런던 자치구는 이미 런던의 주요한 프로젝트를 디자인한 도시계획가인 윌리엄 홀포드William Holford를 책임자로 임명했고, 그는 1956년 3월에 '파터노스터 마스터플랜Paternoster Masterplan'을 수립했다.[4] 홀포드의 제안은 한마디로 파격적이었다. 전통과 현대에 대한 논쟁이 팽팽하게 맞선 상황이었지만 세인트 폴 대성당이라는 강력한 역사적 랜드마크가 존재하는 만큼, 파터노스터 마스터플랜이 일정 수준의 전통을 수용하는 것은 너무나 당연한 것으로 여겨졌기 때문이다.

그러나 홀포드는 예상을 깨고 배치, 형태, 공간, 재료 등 모든 측면에서 철저하게 현대적 개념에 기초한 실용적인 디자인을 제시했다.

비록 폭격으로 파터노스터 일대 건물의 대부분이 사라졌지만 여전히 기존의 전통적 배치와 공간 구성 등은 충분히 수용할 수 있으므로 홀포드의 안은 더욱 놀랍게 받아들여졌다.

현대적 개념의 접목을 강력하게 주장했던 건축가들조차 놀란 이유는 홀포드의 제안이 높이 18층에 달하는 고층건물까지 포함했기 때문이다. 현대적 개념을 접목하는 것과 세트인 폴 대성당과 바로 인접한 장소에 고층건물을 건립하는 것은 전혀 다른 차원의 문제였다. 고층건물은 궁극적으로 세인트 폴 대성당의 경관에 부정적 영향을 미치고, 상징성을 크게 훼손시킬 수 있기 때문이다. 현대적 개념을 강하게 옹호했던 건축가들조차 고층건물을 포함한 홀포드의 제안에 반대하는 상황이 벌어졌다.

세인트 폴 대성당으로 향하는 경관을 보호하려는 노력은 전통이냐 현대냐의 논쟁과 무관하게 런던에서 일관되게 유지해온 정책적 방향이라는 측면에서 다른 차원의 논쟁을 낳았다. 아무리 신중하게 배치할지라도 홀포드가 제안한 일단의 고층건물은 특정 위치에서 경관적으로 세인트 폴 대성당의 존재를 완전히 가릴 수밖에 없고, 형태적 조화는 고사하고 대성당을 압도한다. 그러나 홀포드는 오히려 이러한 디자인이 미래지향적이고, 향후 세인트 폴 대성당 위쪽의 교통 흐름을 원활하게 유도함으로써 상업적 활동에 큰 도움이 될 것이라 주장했다.

많은 우려에도 불구하고 결국 런던 자치구는 홀포드의 안을 전격적으로 채택했고, 1961년부터 공사에 착수해 1967년에 마무리했다. 물론 홀포드의 파격적인 아이디어가 모두 수용되지는 않았지만 전체적인 방향과 핵심 개념은 고스란히 접목되었다. 홀포드가 제시한 파터노스터 마스터플랜의 핵심은 다음과 같은 네 가지로 요약할 수 있다.

첫째, 전체적인 건물의 배치는 세인트 폴 대성당과 수직, 수평으로 직교하는 축을 중심으로 구성한다. 둘째, 6층에서 18층에 이르는 몇 개의 동으로 구성된 고층 저밀을 추구한다. 셋째, 부지 내의 원활한 차량 흐름을 최대한 고려한 가운데 공공공간을 조성한다. 넷째, 부지 내의 건물은 철저하게 현대건축의 기능적, 합리적 개념을 따른다. 이와 같은 홀포드의 안은 한마디로 당시 전 세계적으로 유행한 '모더니즘modernism'이라 할 수 있다.

도시와 건축에서 옳고 그름을 판단하는 기준은 다양하므로 절대적 판단이나 평가를 내리는 것은 어렵다. 홀포드의 개념을 토대로 조성된 파터노스터 광장 일대는 거두절미하고 합리적이고 현대적이었다. 그러나 바람직한가, 아닌가를 떠나 세인트 폴 대성당과 불과 몇 미터 떨어진 부지인 만큼 비판에서 자유로울 수는 없다. 다시 말해, 도시와 건축에서 변함없는 주제인 '역사적 맥락'의 관점, 특히 도시를 대표하는 상징적 랜드마크와의 건축적, 공간적, 시각적 연관성은 무엇보다 중요한 요소다. 따라서 홀포드의 마스터플랜에 기초해 완성된 파터노스터 광장 일대의 디자인은 역사적 맥락을 무시했다는 점에서 결코 성공적일 수 없었다.

제2차 세계대전 이후 고층 저밀로 건립된 파터노스터 광장 전경 © UK National Archives

세인트 폴 대성당과 조화를 이루며 새롭게 건립된 파터노스터 광장 전경 © Alamy

○ '큰' 실패가 준 '큰' 교훈

만약 새롭게 조성한 파터노스터 광장 일대가 상업적, 공간적으로 성공했다면 어땠을까? 그렇더라도 앞서 비판한 역사적 맥락을 수용하지 않은 것의 옳고 그름에 대한 논쟁이 꽤 오랫동안 지속되었을 것이다. 현실은 참담했다. 10년이 넘는 논쟁 끝에 완공되었지만, 파터노스터 광장 일대는 마무리 후에 불과 몇 년 지나지 않아 급속히 쇠퇴하는 초유의 현상이 발생했다.

도시계획적 관점에서 새롭게 개발한 장소가 불과 10년이 조금 지난 후에 쇠퇴했다는 표현이 적절치 않아 보이지만, 분명 전형적인 쇠퇴 현상이 발생했다. 새 건물에 입주했던 회사들이 떠나기 시작했고, 파터노스터 광장 주변에 조성된 상업공간도 활력을 잃었다. 더욱 심각한 문제는 처음부터 시민들을 위한 공공공간으로 계획된 것이 아니었던 만큼, 중앙에 조성된 광장에 이용자의 발길이 끊겼다는 점이었다. 상황이 이렇게 바뀌자 계획 당시에 고전과 현대의 논쟁이 팽팽했던 것과 달리 완공 후에는 비판의 목소리가 압도적으로 우세했다.

시간이 흘러 1980년대에 접어들면서 놀랍게도 파터노스터 광장 일대를 재개발하자는 의견이 각계각층에서 대두되었다. 런던은 물론이고 영국의 도시계획 역사상 전무후무한 충격적 상황이었다. 제2차 세계대전으로 파괴된 역사지구, 그것도 오랜 논쟁 끝에 채택된 마스터플랜에 따라 완공된 장소를 고작 20여 년이 지나 재개발한다니!

파터노스터 광장 주변을 활성화하고, 세인트 폴 대성당의 상징성을 회복하기 위해서는 기존 파터노스터 광장 일대를 완전히 새롭게 계획해야 한다는 주장이 설득력을 얻었다. 다시 말해, 홀포드의 마스터플랜에 따라 건립된 대부분의 건물을 철거하고, 모든 것을 새롭게 디자인하자는 것이었다. 이러한 의견은 처음 제기되었을 때만 해도 무모하다 여겨졌지만, 전문가와 시민 모두가 빠르게 공감하기 시작했다.

활발한 논의가 전개되는 가운데 파터노스터 광장 일대를 영국과 해외 부동산회사에서 인수하면서 실질적인 전환점이 마련되었다. 부동산회사들은 파터노스터 일대의 가능성과 잠재력을 높이 평가했다. 파터노스터 광장 개발을 위해 브리티시 랜드British Land, 바클리스 은행Barclays Bank, 유니레버 등으로 구성된 컨소시엄과 시티 오브 런던은 1987년에 세계적인 건축가들을 초대하는 형식의 지명 현상설계를 추진했고, 오브 애럽을 1등으로 선정했다.

한 차례 큰 실패를 경험했기에 모두가 만족할 만한 대안을 마련하는 것은 어려웠다. 1등으로 선정된 오브 애럽은 물론이고, 최종 여덟 팀이 제안한 안에 대해 다양한 비판이 제기되었다. 그중에서 찰스 왕세자Prince Charles의 목소리는 크고, 울림이 컸다. 그는 1987년 겨울에 시티 오브 런던 도시계획위원회가 주최한 만찬에서 이렇게 주장했다. "새로운 파터노스터 광장은 세인트 폴 대성당을 존중하는 전통적 디자인이어야 하는데 새롭게 선정된 안은 전혀 그렇지 못하다. 현대건축이 독일군의 폭격보다 오히려 더 큰 충격을 런던에 준다!"[5]

당시 찰스 왕세자는 도시계획과 건축에서 전문가와 시민 모두에게 폭넓은 지지를 받고 있었으므로 향후 파터노스터 광장 디자인에 결정적인 영향을 미쳤다. 특히 찰스 왕세자는 《이브닝 스탠다드Evening Standard》가 자체적으로 실시한 파터노스터 아이디어 공모전에서 당선한 건축가 존 심슨John Simpson의 디자인을 전폭적으로 지지했다. 심슨의 디자인은 세인트 폴 대성당을 중심으로 파터노스터 광장을 신고전주의 양식neoclassicism의 건물로 디자인하고, 전통적인 거리와 공간 개념을 회복하는 것이었다.

여전히 전통보다는 현대적 개념에 가까웠던 오브 애럽의 현상설계 당선안은 물론이고, 나머지 참가자들의 디자인도 실현되는 것이 불가능했다. 이 과정에서 새롭게 그레이코트 피엘시Greycoat PLC, 파크 타워 그룹Park Tower Group, 미츠비시 부동산Mitsubishi Estates으로 구성된 파터노스터 어소시에이츠Paternoster Associates가 부지를 인수했고, 심슨의 신고전주의 디자인을 강력하게 지지했다. 이에 따라 파터노스터 어소시에이츠는 심슨에게 파터노스터 광장 일대 개발의 전체적인 방향을 의뢰했고, 부지 내의 개별 건물을 디자인하는 건축가를 선정하도록 요청했다. 논의는 이후에도 지속적으로 진행되었고, 1996년에 건축가 윌리엄 휘트필드William Whitfield가 신고전주의에 기초한 새로운 마스터플랜을 마련해 건립 허가를 받았다.[6]

그야말로 우여곡절의 연속이었다. 새롭게 승인된 파터노스터 광장과 주변 디자인 또한 완벽할 수는 없었다. 그렇지만 적어도 두 가지의 측면에서 명쾌했고, 충분한 설득력을 지녔다. 첫째는 역사를 존중하는 디자인이었고, 둘째는 보행자 중심의 디자인이었다. 첫 번째 원칙이 오래전부터 끝이 보이지 않는 논쟁거리였던 반면, 두 번째 원칙은 재론의 여지가 없었다. 적어도 앞서 혁신적 혹은 현대적 디자인으로 평가받았던 홀포드의 파터노스터 광장 계획이 보행자 중심이 아니었던 이유로 외면받은 것은 명백한 사실이었다. 보행자 중심의 디자인은 천문학적 대가를 치른 끝에 얻은 교훈이었고, 이것이 곧 런던의 상징인 세인트 폴 대성당을 존중하는 최상의 방법임을 깨달은 것이다.

○ 조화로움과 공공성

2003년에 새로운 파터노스터 광장과 주변 건물이 완공되었다. 기존에 18층에 달했던 건물은 모두 5층 규모로 줄어들었고, 철저하게 고전적 비례와 형태를 따랐다. 부지 내에는 단 한 대의 차량도 진입할 수 없고, 저층부는 레스토랑과 카페를 포함한 쇼핑몰을 조성하고, 상층부는 사무공간과 주거가 자리한다.

한마디로 새로운 파터노스터 광장 프로젝트의 핵심은 광장과 거리이고, 이를 토대로 보행자 중심의 장소를 철저하게 만들었다. 다시 말해, 최고 수준의 공공성을 지향한 것이다. 저층 고밀 주상복합으로 계획된 상태에서 파터노스터 광장은 공간적 중심을 이루었고, 분절된 건물과 건물 사이에 자연스럽게 여섯 개의 새로운 골목길이 조성되었다. 비록 건물 사이의 좁은 통로이지만 양옆에 자리한 건물의 층고가 높지 않고, 가운데의 열린 광장으로 향하기에 답답하기보다 숨통이 트인 것처럼 느껴진다. 이와 같은 공간 구성을 통해 주변의 모든 방향에서 파터노스터 광장으로 쉽게 걸어서 진입할 수 있다.

무엇보다 중요한 것은 새롭게 조성된 보행로가 세인트 폴 대성당을 편안하게 감상할 수 있도록 한다는 것이다. 한마디로 세인트 폴 대성당을 중심으로 전체적인 조화를 이루면서 최고 수준의 공공성을 확보했다. 여섯 개의 거리 중에서 최고는 '캐넌 앨리Canon Alley'와 '퀸스 헤드 패시지Queens Head Passage'다. 이 거리는 십자형 배치를 기준으로 세인트 폴 대성당의 남북축과 정확히 일치한다. 어느 위치에서 접근하든 이 거리에 도착해서 세인트 폴 대성당을 바라보는 순간, 전율을 느낄 정도의 진한 감동을 받는다.

특히 양쪽에 자리한 건물 사이의 틈새로 드러난 세인트 폴 대성당, 특히 최상부의 돔이 발산하는 시각적 아름다움은 '프레임 효과'를 통해 시선을 압도한다. 이것은 단순한 건축적 감흥을 넘어 현재가 과거를 존중하는 감동적인 모습이다. 기존의 고층으로 구성된 건물군이 세인트 폴 대성당의 경관을 심각하게 훼손했었기에 현재의 모습은 더욱 값진 결과다.

규모는 크지 않지만 파터노스터 광장은 세련되고 아늑하다. 파터노스터 광장을 더욱 세련되게 만드는 것은 열주로 이루어진 '아케이드

TERNOSTER
chop'd
Build a better salad
COCO
ITALIAN TO GO
SALADS SOUPS STEWS
WINTER WARMERS
THE WHISKY SHOP
JEEVES
houmous & falafel bar
THE PATERNOSTER
IS THIS LOVE
No!
IT'S
CAFFEINE
feta
guacamole
egg
artichoke
sun-dried tomatoes
aubergine
What's it going to be today?

1 양쪽 건물의 프레임 효과를 통해 아름다움이 고스란히 드러나는 세인트 폴 대성당
2 저층의 파터노스터 광장 주변 건물을 통해 멀리서도 감상할 수 있는 세인트 폴 대성당
3 고전적인 열주로 조성된 파터노스터 광장의 아케이드

arcade'다. 광장의 안쪽에 만들어진 아케이드는 세인트 폴 지하철역에서 내려서 부지로 진입하는 주 동선인 파터노스터 로우 및 보행로와 연결된다. 상대적으로 큰 스케일의 원형 열주를 이용해 아케이드를 설치함으로써 광장과 어우러지는 전통적인 분위기를 갖추었고, 이로써 자연스럽게 보행자의 흐름을 유도한다.

파터노스터 광장은 기본적으로 거주자와 사무실에서 일하는 사람을 위한 휴식공간이지만 특별한 기획 행사를 개최하는 공공공간으로서 더욱 각광받는다. 파터노스터 광장이 음식을 파는 장터로, 작은 음악회를 개최하는 야외 공연장으로, 각종 놀이를 위한 행사장으로 사용되는 모습은 흔히 볼 수 있다. 그러나 때로는 사회적 울림을 만드는 의미 있는 행사도 개최된다.

예를 들어, 지난 2017년에는 '혈액암 캠페인Blood Cancer Campaign'의 일환으로 조각가 폴 콕세이지Paul Cocksedge가 디자인한 104개의 〈활자 조각Typographic Installation〉을 설치했다. 피를 상징하는 붉은색의 조각은 혈액암 치료 후에 회복된 104명의 이름이고, 이를 광장에 조형물의 형태로 제작해 설치한 것이다. 파격적인 디자인과 설치미술을 통해 혈액암을 겪은 환자들의 경험을 공유하고, 예방하기 위한 사회적 캠페인이었다. 이처럼 파터노스터 광장은 정기적으로 사회적 메시지를 전하기 위한 장소로서도 활용된다.

한편, 기존의 세인트 폴 대성당과 새롭게 조성한 파터노스터 광장을 어떻게 연결할 것인가 또한 중요한 화두였다. 여기에는 '템플 바 게이트Temple Bar Gate'를 성공적으로 활용했다. 템플 바 게이트는 도시에 진입하는 관문 역할을 하는 구조물로서 1672년에 렌이 플리트 거리Fleet Street에 디자인했다. 그러나 이 거리를 확장하면서 1878년에 해체되어 다른 곳으로 옮겨진 상태였다. 이에 새롭게 파터노스터 광장을 계획하면서, 템플 바 게이트가 세인트 폴 대성당의 앞쪽에서 파터노스터 광장으로 진입하는 일종의 문과 같은 역할을 하도록 본격적인 복원을 진행했다. 이는 파터노스터 광장 주변 건물의 대부분이 신축되었다는 점에서 더욱 의미 있는 역할을 한다. 렌이 설계한 세인트 폴 대성당에서 그가 디자인한 문을 통해 새로운 광장으로 진입하기 때문이다. 17세기에 이를 디자인했던 렌조차 상상할 수 없었던 아이디어가 아닌가!

템플 바 게이트를 통해 파터노스터 광장에 들어서면 우측으로 신축한 건물 다음에 '챕터 하우스Chapter House'가 자리한다. 렌과 그의 아들이 디자인한 챕터 하우스는 1940년 당시 독일군의 폭격으로 심하게 파괴되었지만, 그래도 이 일대에서 유일하게 살아남은 고전 건물이다. 챕터 하우스를 보수해 파터노스터 광장과 면하게 함으로써 주변의 신축 건물과 시각적으로 훌륭하게 조화를 이룬다. 3층의 붉은색 벽돌로 디자인된 조지안 양식Georgian style의 챕터 하우스는 사실상 주변 건물에 직·간접적인 가이드라인 역할을 했다.

21세기에 새롭게 탄생한 파터노스터 광장과 주변을 더욱 높이 평가하는 이유는 본 부지가 민간 소유이고, 철저하게 민간 주도로 개발되었기 때문이다. 이들은 앞선 실수를 반복하지 않더라도 현재보다 훨

1	2	5
3	4	

1 우아하고, 절제된 디자인으로 재탄생한 파터노스터 광장
2 사회적 메시지를 던지는 콕세이지의 혈액암 캠페인 조각
3 다목적 공공공간으로 활용되는 파터노스터 광장
4 파터노스터 광장 주변 건물의 기준이 된 조지안 양식의 챕터 하우스
5 파터노스터 광장의 관문 역할을 하는 템플 바 게이트

씬 더 상업적이거나 이윤을 추구하는 방식으로 개발할 수 있음에도 불구하고 그렇게 하지 않았다. 대신에 세인트 폴 대성당을 중심으로 런던의 위용을 드러내기에 충분한 모습으로 재탄생했고, 세인트 폴 대성당 주변에 소중한 공공공간을 제공했다.

마지막으로 한 가지 더 의미 있는 부분은 본 프로젝트에 참여한 건축가들이 전체의 조화를 위해 적극 협력했다는 사실이다. 파터노스터 광장을 중심으로 디자인된 일련의 건물군은 크게 여섯 개로 나누어진다. 퀸런 테리Quinlan Terry, 로버트 아담Robert Adam, 테리 패럴Terry Farrell, 폴 깁슨Paul Gibson, 드미트리 포르피리오스Demetri Porphyrios, 앨런 그린버그와 토머스 비비Allan Greenberg and Thomas Beeby가 각 블록을 맡아서 디자인했다. 각기 다른 성향의 건축가가 디자인했지만 마스터플랜을 중심으로 합의한 가이드라인을 충실하게 따랐기에 놀라울 정도의 공간적, 시각적 통일성을 확보했다. 앞서 여러 차례 강조했듯이 파터노스터 광장과 주변 거리가 높은 수준의 보행 환경을 성취한 비결은 개별적으로 두드러지지 않으면서 하나의 장소를 만드는 데 힘을 합쳤기 때문이다.

○ 시민들을 위한 오아시스

제2차 세계대전 이후 조성된 파터노스터 광장과 주변 일대는 역사성과 공공성을 확보하는 데 실패했다. 나아가 상업적, 기능적으로도 성공적이지 못했으므로 짧은 운명을 뒤로 하고 흔적도 없이 사라졌다. 21세기 새롭게 조성된 파터노스터 광장과 주변 일대도 일견 현대적인 느낌이 강하다. 왜냐하면 의도적으로 고전적인 모습이나 장식 등을 추구하지 않았기 때문이다. 그러나 광장과 거리를 걷고, 잠시 멈추고 휴식을 취하면 치밀한 배치와 공간 구성을 통해 전통이 훌륭하게 구현되었다는 것을 실감할 수 있다.

런던에는 두 개의 상징적 중심이 존재한다. 서쪽의 웨스트민스터는 정치와 행정의 중심이고, 동쪽의 시티 오브 런던은 경제와 종교의 중심이다. 웨스트민스터 지역이 많은 고전 건물과 광장을 중심으로 강한 상징성을 유지하는 반면에 시티는 상대적으로 빈약하다. 이러한 상황에서 21세기에 새롭게 탄생한 파터노스터 광장과 주변은 세인트 폴 대성당을 중심으로 시티 지역 일대가 런던을 지탱하는 굳건한 중심임을 다시 한번 일깨우기에 부족함이 없다.

화려한 모습으로 권위를 드러내는 것이 아니라 과거와 현재를 적절하게 어우르며 시민들에게 오아시스 같은 공공공간을 제공한다는 점에서 더욱 값지고 빛난다. 20세기를 뒤로 하고, 21세기에 우여곡절 끝에 조성된 파터노스터 광장이 런던이 추구하는 미래를 가리키는 나침반과 같다면 지나친 과장일까?

원형을 유지한 올드 스피탈필즈 마켓 전경

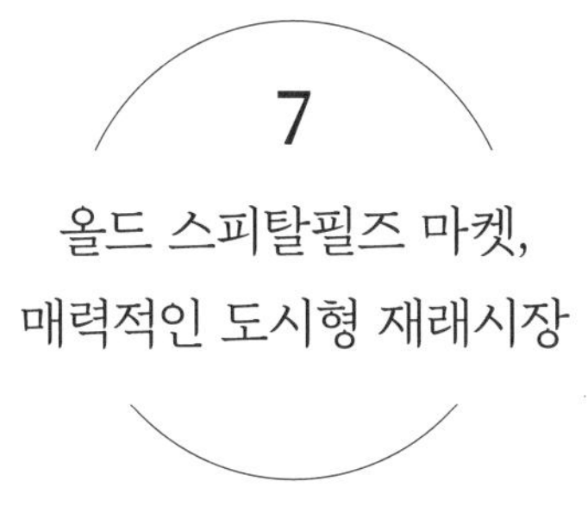

7
올드 스피탈필즈 마켓, 매력적인 도시형 재래시장

동서양을 불문하고 시장은 일상생활에서 중요한 공간이다. 그렇다면 시장은 언제 처음 형성되었을까? 이 질문에 정확하게 답하기 어려운 이유는 시장을 어떻게 정의하느냐에 따라 다양한 해석이 가능하기 때문이다. 시장을 단순히 개인 간에 물건을 교환하는 장터로 정의하면 그 유래는 고대로까지 거슬러 올라가고, 조금 더 조직된 체제하에서 물건을 사고파는 장소로 파악하면 중세 시대에서 유래를 찾을 수 있다. 결국 시장은 사회 발전과 긴밀하게 연계되면서 자리 잡은 일상의 공간이다.

시장은 시간이 흐르면서 처음의 단순한 장소에서 점차 조직적으로 성장했다. 지역별로 혹은 개인별로 생산 및 판매하는 물품의 종류와 양은 물론이고, 교환가치도 다르므로 체계적인 상업 구조를 갖추게 되었고, 자연스럽게 거래를 위한 특화된 장소가 조성되었다. 오늘날 우리가 이용하는 시장의 본격적인 출발이라 할 수 있다.

기록에 따르면 '마켓market'이라는 용어는 라틴어인 '메르카투스mercátus'에서 유래했고, 영어권에서는 960년경부터 사용되었다.[1] 거래되는 품목의 양이나 종류에 따라 차이가 있지만 시장은 도시와 농촌 모두에서 자연 발생적으로 생겨났다. 그렇지만 농수산물 위주의 농촌 시장과 비교해 도시에 조성된 시장은 다양한 수요에 대응하기 위해 대형화, 조직화되었고, 이에 따라 시장은 필연적으로 도시 발전의 역사와 맥을 같이한다.

특히 소규모로 많은 물건을 거래하는 장소에서 탈피해 육류, 채소, 곡물, 공산품, 의류, 골동품, 향신료 등 개별 품목으로 특화해 판매하는 전문 시장이 도시 곳곳에 등장했다. 이때부터 시장은 지역의 사회경제적 활동을 좌우하는 공간이자 공동체의 중심으로 성장했다. 즉 전통 사회의 구조와 공동체성을 대변하는 공간으로 자리매김한 것이다. 한 걸음 더 나아가 시장은 도시를 대표하는 상징적 장소로 발돋움함으로써 관광객이 찾는 명소로까지 발전한다. 이러한 예는 주위에서도 어렵지 않게 종종 볼 수 있다. 전 세계적으로 전통시장이나 재래시장이 지역의 역사와 삶을 체험할 수 있는 매력적인 장소로 여겨지는 경우는 흔한 일이다.

19세기에 이루어진 교통의 획기적 발전은 시장에 더욱 큰 변화를 몰고 왔다. 제품 운송의 한계 때문에 이전까지 시장은 지역에서 생산한 제품을 판매하는 장소에 머물렀으나, 운송 수단의 발전에 따라 제품을 빠르게 멀리 이동할 수 있게 되었다. 이에 따라 공급과 판매가 이전과 비교할 수 없을 정도로 대형화, 전문화됨으로써 강력한 상업적 조직을 갖춘 시장이 탄생한다. 큰 틀에서 이해하면 다른 분야와 마찬가지로 산업혁명이 낳은 기술적, 경제적, 사회적 혁신이 시장의 발전에도 획기적으로 공헌한 것이다. 자본주의 체제가 시장이라는 전통적인 상업공간과 연계되었고, 그에 따라 변화에 적응하지 못한 전통시장의 쇠락은 어느 정도 예측 가능했다.

철저하게 자본주의에 기초한 유통 구조와 이에 기반한 할인 매장, 백화점 그리고 각종 쇼핑몰은 생산과 소비의 방식에 획기적인 변화를 몰고 왔다. 오랫동안 유지되어온 전통시장은 먹거리와 볼거리를 통해 향수를 자극하는 방문지로서의 매력은 여전히 있었지만, 더 이상 과거와 같은 사회경제적 중심으로서의 역할을 담당하는 것은 불가능했다. 그러므로 전 세계적으로 정도의 차이가 있을 뿐 시대적 변화의 물결 속에서 20세기에 시장은 급격히 쇠락했고, 도시에서 빠르게 자취를 감추었다.

그런 변화에 따라 20세기 중반을 넘어서면서는 '재래시장 활성화'라는 표현이 전 세계 곳곳에서 유행처럼 등장했다.[2] 이는 두 가지 측면에서 이해할 수 있다. 첫째, 단순히 물건만 사고파는 장소를 넘어 재래시장이 지닌 고유한 '장소성'을 지키려는 것이다. 둘째, 물리적 환경을 개선한다면 현대 도시에서도 재래시장이 여전히 경쟁력을 유지할 수 있다는 판단에 따른 것이다. 앞서 설명한 바와 같이 인류 역사에서 시장이 존재해온 의미를 감안할 때 이를 보호하고 나아가 활성화시키는 것은 충분한 명분을 지녔고, 도시재생이 추구하는 본질적 가치와도 일치한다. 결국 재래시장은 모든 도시가 마주한 고민이자, 기회다.

○ 가난한 지역에 자리 잡은 재래시장

우리나라를 포함해 세계적으로도 재래시장 활성화를 전면에 내세우고 시작된 프로젝트는 헤아릴 수 없을 정도로 많다. 그만큼 재래시장이 우리의 일상에 오랫동안 존재해왔다는 반증이다. 그럼에도 불구하고 처음의 의도대로 활성화에 성공한 사례는 많지 않다. 과연 왜 그럴까? 재래시장 활성화는 단순히 기존에 쇠퇴한 시장의 물리적 환경과 시설을 개선하는 차원을 넘어 대형 할인 마트나 백화점과의 경쟁에서 살아남을 수 있는 자생력까지 확보해야 하기 때문이다. 다시 말해, 재래시장의 장점을 유지하면서 동시에 현대 도시에서 요구되는 새로운 조건을 수용해 진일보한 형식으로 탈바꿈해야만 비로소 성공할 수 있다.

이러한 관점에서 런던의 '올드 스피탈필즈 마켓Old Spitalfields Market'은 오랜 역사적 전통을 유지하면서 현대화에 성공한 예외적인 사례다.

한 걸음 더 나아가 재래시장이 쇠퇴한 주변 일대의 활성화를 주도하는 첨병이 될 수 있음을 입증했다는 점에서 더욱 큰 의미를 지닌다.

올드 스피탈필즈 마켓을 살펴보기에 앞서 런던의 사회경제적 상황을 이해하는 것이 필요하다. 런던을 지형적으로 동쪽과 서쪽으로 나누면 동쪽은 가난한 지역, 서쪽은 부유한 지역으로 구분된다. 앞서 소개했듯이 웨스트 엔드로 불리는 서쪽에는 옥스퍼드 스트리트, 피카딜리 서커스, 코벤트 가든 등을 포함해 세계적인 쇼핑 거리와 〈라이온 킹〉, 〈레미제라블〉, 〈오페라의 유령〉 등 세기의 뮤지컬을 볼 수 있는 공연장이 즐비하다. 이뿐만이 아니다. 웨스트 엔드에는 전 세계의 음식을 맛볼 수 있는 레스토랑과 카페도 곳곳에 자리한다. 한마디로 웨스트 엔드는 영국의 문화와 예술을 경험할 수 있는 심장부다.

반면에 동쪽에 자리한 '이스트 엔드East End'는 어떨까? 이곳은 웨스트 엔드와는 달리 상업 및 경공업 지역으로서 많은 이민자들과 노동자들이 정착한 전형적인 빈곤 지역이다. 문화와 예술은 고사하고, 오랫동안 교육이나 공공 환경 등에서도 런던에서 가장 낙후된 지역 중의 하나로 평가받았다. 올드 스피탈필즈 마켓은 이러한 이스트 엔드 지역에 조성되었다. 행정구역상 이 지역은 런던의 33개 자치구 중에서 타워 햄리츠Tower Hamlets에 포함되는데 객관적인 기록상 런던에서 가장 빈곤한 세 개의 자치구 중 하나다.

올드 스피탈필즈 마켓은 1638년에 찰스 1세Charles I 왕으로부터 육류, 조류, 채소를 판매하는 시장으로 허가받았고, 이후 1682년에 찰스

2세Charles II 때 조금 더 큰 규모로 확장되어 재개장했다.[3] 당시 런던 중심부에 인접한 외곽 지역이 빠르게 성장했고, 인구도 증가함에 따라 시민들과 식당에 안정적으로 식료품을 공급하기 위해 시장의 위치를 세심하게 고려했고, 시내의 동쪽 일대에서는 올드 스피탈필즈 마켓이 그 역할을 담당했다. 당시 재래시장은 시민들의 건강을 위해 양질의 식 재료를 제공하는 것이 중요했으므로 왕실이 재래시장의 허가를 결정한 것이다. 올드 스피탈필즈 마켓이 안정적으로 운영되면서 상인들이 시장 주변에 정착함에 따라 이전과 다른 상인과 주거공동체가 조성되었다.

이후 1887년에 현재와 같이 직사각형 배치에 가운데 중정이 있는 조금 더 체계적인 시장으로 발전했다. 마치 낮은 성곽처럼 시장을 둘러싼 벽돌 건물은 높은 수준의 빅토리안 양식Victorian style을 적용했고, 1926년에 서측으로 일부 확장이 이루어졌다. 건물이 시장을 감싸므로 밖에서는 시장의 내부가 드러나지 않는 독특한 구조다. 1928년에 확장을 마치고 메리 왕비Queen Mary가 참석해 직접 개장식을 거행할 정도로 올드 스피탈필즈 마켓의 위상은 높았다. 이후 올드 스피탈필즈 마켓은 화려하지는 않지만 안정적으로 명맥을 유지하면서 운영되었다. 특히 1986년에는 시장을 구성하는 건물 전체의 건축적, 역사적 가치를 인정받아 보호건물로 지정되기도 했다. 올드 스피탈필즈 마켓이 재래시장으로서의 기능과는 별개로 소중한 지역 자산으로서 인정받는 계기였다.

○ 진화하는 도시형 재래시장

조성 이후 올드 스피탈필즈 마켓은 런던을 대표하는 전통시장으로서 꾸준히 명성을 쌓았지만, 기록에 따르면 이미 1800년대에 접어들면서 성장과 발전에 분명한 한계를 드러냈다.[4] 비판적으로 이야기하면, 겉으로 드러난 시장의 운영은 활발했지만, 그것이 곧 주변 지역의 활성화를 의미하는 것은 전혀 아니었다. 특히 시장 주변은 계속해서 몰려든 가난한 이민자들로 빈곤 지역으로 전락했고, 시장에서 판매하는 물건의 품질도 소비자들이 만족할 만한 수준이 아니었다. 오랜 전통을 보유한 것 이외에 내세울 만한 것이 딱히 없었으므로 점진적인 쇠퇴를 피하기 어려웠다.

그러던 중 1987년에 런던 특별 자치구The City of London Corporation가 올드 스피탈필즈 마켓 부지를 인수하면서 변화를 위한 새로운 전기가 마련되었다.[5] 이때부터 올드 스피탈필즈 마켓과 주변 활성화사업에 대한 활발한 논의가 시작되었고, 이 과정에서 미래의 운명을 좌우할 중요한 전환점이 만들어졌다. 1991년에 올드 스피탈필즈 마켓에서 과일과 야채를 파는 시장이 독립해 위쪽의 레이튼Leyton 지역으로 이전한 것이다. 올드 스피탈필즈 마켓은 이제 식 재료만을 판매하는 전통시장에서 확장된 개념의 복합 상업공간이자 공공공간으로 발전할 수 있는 발판을 마련했다. 런던 특별 자치구는 런던 중심부에서 도보 권역에 위치한 올드 스피탈필즈 마켓과 주변 일대의 경제적 잠재력을 높이 평가했다.

올드 스피탈필즈 마켓과 주변 지역의 활성화는 세 가지 측면에서 의미를 찾을 수 있다. 첫째, 올드 스피탈필즈 마켓은 350년 넘게 한 자리를 지켜온 재래시장으로서 그 자체로 충분한 역사성과 지역성을 지녔다. 둘째, 런던에서 오랫동안 낙후되고 소외된 지역의 균형 발전 측면에서 큰 의미를 지녔다. 셋째, 센트럴 런던의 금융 중심부는 물론이고, 많은 이민자들이 정착한 다문화 지역으로서 올드 스피탈필즈 마켓과 주변 일대의 활성화는 충분한 잠재력과 발전 가능성을 지녔다. 즉 올드 스피탈필즈 마켓은 역사적, 사회적, 경제적으로 21세기 런던이 추구하는 지속가능한 도시재생의 상징 프로젝트 중의 하나로 내세울 충분조건을 갖추었다.

다양한 논의가 진행된 가운데 1999년에 아일랜드의 부동산회사인 밸리모어 그룹Ballymore Group이 올드 스티탈필즈 마켓의 리스 운영권을 확보해 구체적인 사업에 착수했다. 올드 스피탈필즈 마켓의 재생사업은 몇 단계로 나누어 이해할 수 있다. 실질적으로 가장 중요한 변화는 건축가 노먼 포스터의 디자인이다. 포스터는 새로운 형식으로 탈바꿈하는 올드 스피탈필즈 마켓의 중앙에 '가판대Market Stall'와 '음식 유닛Food Unit'을 디자인했다.

이는 두 가지 측면에서 중요한 의미를 지닌다. 첫째는 기존 재래시장의 전통적인 구조와 배치를 유지한다는 것, 둘째는 기능과 미적 측면을 동시에 향상시킨다는 것이다. 한마디로 전통과 현대가 어우러진 세련된 시장으로의 변신을 모색한 출발점이었다.

포스터는 철재와 나무를 주재료로 사용하고, 모듈 시스템을 적용해 단순하지만 상인과 고객의 다양한 요구를 수용할 수 있는 디자인을 접목했다. 시장의 중앙에 자리한 가판대와 음식 유닛은 전체적으로 기존 재래시장의 분위기와 공간적, 시각적으로 잘 어우러진다. 동시에 물건과 음식을 파는 상인들에게 필요한 수납공간과 서비스 영역을 적절히 제공함으로써 기존 시장에서 느낄 수 없는 활력을 제공한다. 전체 골격을 이룬 철재는 기존 시장의 전통 구조와 조화를 이루고, 목재로 이루어진 유닛과 서비스용 가구는 푸근한 느낌을 제공한다.

다음으로 포스터는 물건을 파는 부스에도 유사한 방식의 모듈을 적용해 상인들이 간단하게 조립 및 해체할 수 있도록 했다. 나무는 부드러운 느낌과 더불어 수공예적 감성을 연출하면서 재래시장 특유의 분위기를 한껏 고취시킨다. 동일한 모듈을 적용해 통일성을 갖추었고, 단순한 구조이지만 제품에 구애받지 않고 융통성 있게 디스플레이가 가능하다. 특히 개별 매장의 부스가 최소한의 구조체로 이루어졌기 때문에 개방감이 뛰어나고, 촘촘하게 설치되었음에도 불구하고 전체적으로 답답한 느낌을 충분히 상쇄시킨다.

2005년에 포스터의 작업이 마무리되자 밸리모어 그룹은 다음 단계로 제스티코 화일스 건축Jestico+Whiles Architects과 줄리언 하랩 건축Julian Harrap Architects을 선정해 올드 스피탈필즈 마켓의 상징인 지붕과 외관을 총체적으로 보수했다. 다섯 개의 스팬으로 구성된 지붕은 빅토리안 엔지니어링의 정수로서 최대한 원형을 유지하는 가운데 구조적 안정성을 강화하는 데 집중했다. 특히 지붕을 보강하는 동시에 내부에 자연 채광이 가능하도록 개구부를 설치해 과거와는 전혀 다른 밝은 분위기를 연출하는 데 성공했다. 이것은 사실상 재래시장의 성패를 좌우할 만큼 중요한 변화였다. 인공조명 없이도 시장 내부가 밝고 아늑하므로 방문객들이 편안함을 느끼기 때문이다.

부지 전체에는 여덟 개의 출입구가 통일된 디자인으로 설치되었는데 다섯 개는 기존의 출입구이고, 세 개는 추가된 것이다. 이를 통해 모든 방향에서 쉽게 출입이 가능하다. 부지의 형태나 시장의 구성상 올드 스피탈필즈 마켓은 한두 개의 고정된 출입구가 필요하지 않다. 오히려 모든 방향에서 자유롭게 왕래하는 것이 장점이고, 자연스럽게 혼잡함도 완화할 수 있다. 이것이 올드 스피탈필즈 마켓이 벽돌 건물로 둘러싸인 모습임에도, 방문객들에게 폐쇄적으로 느껴지지 않는 이유다.

건축가 팀의 작업이 흥미롭고, 인상적인 이유는 또 다른 측면에서 찾을 수 있다. 초기부터 세심하게 집중한 부분은 조명, 전기 배선, 배수, 바닥 포장, 페인트 등 기본적인 기반시설이다. 왜냐하면 밸리모어 그룹은 기존 올드 스피탈필즈 마켓이 지닌 장점을 극대화시키면서 새로운 변화를 접목하고자 했기 때문이다. 특히 내부에 사용한 페인트는 여러 차례의 실험을 통해 밝고 가벼운 회색을 사용했다. 이는 기존의 시장 지붕은 물론이고, 내부에 전체적으로 사용된 기존의 색감을 유지하면서 최대한 느낌을 경쾌하게 살리기 위한 전략이었다.

또한 시장을 감싼 지상층 상가의 외관과 내부를 보수하는 것에서 건축가 팀의 작업은 더욱 돋보였다. 외부에서 올드 스피탈필즈 마켓을 볼 때나 시장에 접근할 때 상가는 시장의 이미지를 좌우하는 핵심이다. 그러나 리노베이션 전의 상가들의 모습은 낡고, 허름한 정도를 넘어 혐오스러울 만큼 쇠퇴했고, 주변은 언제나 각종 포장지와 쓰레기로 가득했다. 이러한 상황에서 건축가 팀이 주목한 점은 여러 개의 상가들이 100년이 넘는 전통과 역사를 지녔다는 사실이었다.

그러므로 파격적인 변화보다 기존의 시각적, 공간적 정체성을 유지하면서 깔끔한 이미지를 갖추는 데 집중했다. 즉 화려하지 않아도 전통적인 모습과 분위기를 중심 삼아 방문객들에게 세련된 모습으로 다가갈 수 있도록 보수했다. 결과는 무척 성공적이었다. 내부의 시장과 별개로 거리에 늘어선 상점은 고풍스러운 경관을 창출하면서 올드 스피탈필즈 마켓의 성공에 크게 일조했다.

○ 시장을 넘어 지역의 중심으로

올드 스피탈필즈 마켓이 새로운 형식의 재래시장으로 자리 잡음에 따라 스피탈필즈 전체에 대한 마스터플랜이 마련되었다. 스피탈필즈 마스터

1 올드 스피탈필즈 마켓의 출입구
2 기존 재래시장의 가운데에 설치된 가판대와 음식 유닛
3 지붕 보강을 통해 밝고 안전한 공간으로 탈바꿈한 재래시장 내부
4 기존의 전통적인 모습을 유지한 올드 스피탈필즈 마켓의 외부 상가 모습

TAGHeuer
53
53
53
TAGHeuer
TAGHeuer
TAGHeuer

플랜의 핵심은 부지의 서쪽으로 쇼핑과 식당 중심의 몰을 추가하고, 업무공간을 조성하는 것이었다. 이 결과로 탄생한 것이 '텐 비숍스 스퀘어10 Bishops Square'이고, 이 또한 포스터가 설계했다. 텐 비숍스 스퀘어는 기존 시장의 지붕과 동일한 동서 방향을 축으로 8층에서 11층에 이르는 네 개의 건물군으로 구성된 형태로, 오디토리움auditorium, 콘퍼런스 홀, 체육시설 그리고 각종 서비스시설을 갖춘 복합 사무용 건물이다.[6]

의미 있는 변화 중의 하나는 건물을 중심으로 전면에 다목적 광장Bishops Square과 도심형 정원을 동시에 조성한 것이다. 이곳은 행사와 휴식이 동시에 가능한 공공공간으로서 텐 비숍스 스퀘어에서 일하는 직장인들은 물론이고, 올드 스피탈필즈 마켓을 찾은 방문객들에게 한가한 휴식공간을 제공한다. 한편, 흥미로운 것 중의 하나는 1999년에 광장 한 켠 지하에서 14세기의 납골당인 '차널 하우스Charnel House'가 발견되었는데 이를 그대로 보존해 방문객들이 볼 수 있도록 한 것이다. 14세기 납골당이 광장의 한 부분으로 자연스럽게 자리 잡도록 해 마치 광장이 작은 박물관을 품은 듯한 모습이다.

텐 비숍스 스퀘어와 올드 스피탈필즈 마켓의 중간에는 새로운 형식의 쇼핑몰과 식당가가 조성되어 더욱 다양한 기능과 역할을 갖게 되었다. '파빌리온스The Pavilions'로 불리는 이곳은 두 개 층으로 구성되어 보편적인 재래시장에서 느낄 수 없는 독특한 입체적 공간을 창조했다. 또한 기존의 재래시장과 텐 비숍스 스퀘어가 동서 방향으로 연계되어서 자연스럽게 새로운 아케이드 형식의 쇼핑몰이 조성되었다.

이렇게 런던은 물론이고, 유럽 어디에서도 볼 수 없는 21세기형 재래시장이 모습을 드러냈다.

앞서 설명했듯이 올드 스피탈필즈 마켓은 런던의 중심에서 살짝 벗어난 외곽의 상인과 이민자 중심의 가난한 지역에 있었으므로 발전을 기대하기 어려웠다. 그러나 올드 스피탈필즈 마켓을 중심으로 지난 30여 년 동안 추진된 단계적 활성화사업은 기존 재래시장의 전통과 매력을 유지하면서도 현대 도시에서 필요한 역할을 보완해 예상을 뛰어넘는 성공을 거두었다. 21세기에 올드 스피탈필즈 마켓은 여러 언론에서 실시한 조사를 통해 런던에서 가장 매력적인 시장으로 선정되기도 했다. 런던시민들은 "올드 스피탈필즈 마켓은 언제나 볼거리와 즐길거리가 가득하다!"고 이구동성으로 이야기한다.

이러한 올드 스피탈필즈 마켓의 성공은 하드웨어에만 머무르지 않는다. 기본적으로 올드 스피탈필즈 마켓은 재래시장으로서의 전통적 특성을 유지하고, 강화하는 데도 소홀하지 않았다. 매주 목요일은 골동품 마켓, 첫째와 셋째 주 금요일은 바이닐 마켓Vinyl Market이 열리고, 그 외에도 크리스마스, 부활절, 밸런타인 데이 등에는 그에 어울리는 제품을 판매하는 특별한 마켓을 개최해 방문객의 관심을 한껏 유도한다. 또한 상인들이 다양한 제품과 흥미롭게 디자인된 제품을 판매하도록 관리함으로써 방문객들이 정기적으로 찾도록 유도한다.

이전과 비교해 가장 큰 차이는 새롭게 조성된 시장에서는 정기적으로 연주회, 콘서트, 댄스 페스티벌, 전시회 등 다양한 행사를 개최한

1	2	5
3	4	

1 새롭게 건립된 사무용 건물인 텐 비숍스 스퀘어와 전면의 다목적 광장
2 기존의 시장을 확장하고, 증축한 2층 규모의 식당가 파빌리온스
3 전통과 현대가 조화를 이루면서 새롭게 조성된 쇼핑몰
4 다양한 행사장으로 활용되어 방문객들과 시민들에게 사랑받는 올드 스피탈필즈 마켓
5 올드 스피탈필즈 마켓의 성공으로 활력을 되찾고 있는 주변 거리와 상가

다는 것이다. 공식적으로 약 420평의 공간은 비용을 지불하고 대여할 수 있으므로 기업에서 신제품 발표회나 특별한 행사를 거행하는 장소로 각광받는다. 주목할 점은 기본적으로 재래시장이 저녁 6시 전에 장사를 마치므로 이후 시간에 행사를 진행할 수 있다는 것이다. 재래시장이 영업하지 않는 시간에 공간을 활용함으로써 자연스럽게 재래시장의 한계를 극복하는 것이다.

행사가 개최될 때면 관람하는 것에서 더 나아가, 주민과 방문객 모두가 참여하고 즐길 수 있으므로 그야말로 흥겨운 장터로 변신한다. 주민들은 물론이고, 학생들이 기획하는 자선 행사는 올드 스피탈필즈 마켓이 새로운 형식의 지역 중심으로 발돋움했음을 의미한다. 시장에서 인터뷰한 주민은 한 달에 한 번씩 진행하는 탱고 행사에 참여해 춤을 배우는 것이 큰 즐거움이라고 말한다. 연중 계획을 수립해 진행하는 다양한 행사는 지역 주민은 물론이고, 런던시민들에게 큰 사랑을 받으면서 새로운 전통으로 자리 잡았다.

이뿐만이 아니다. 올드 스피탈필즈 마켓은 어떤 유명한 백화점이나 할인 마트 이상으로 훌륭하게 홈페이지를 운영 중이다. 이를 통해 올드 스피탈필즈 마켓에서 판매하는 제품과 식당은 물론이고, 각종 행사에 대한 최신 정보를 제공한다. 이는 시민과 방문객 모두가 올드 스피탈필즈 마켓에 지속적인 관심을 갖고, 적극적으로 참여할 수 있는 계기를 마련한다는 점에서 중요하다. 현재 홈페이지는 여느 문화예술공간 못지않게 다양하고, 흥미로운 정보로 가득하다.

○ 현대 도시 속 재래시장의 역할

활성화에 성공한 재래시장이란 과연 무엇일까? 이 질문에 대답하는 것은 무척 어렵다. 각기 다른 맥락과 조건을 가진 현대 도시에서는 재래시장의 역할이 모두 다르므로 성공을 평가하는 기준도 다를 수밖에 없기 때문이다. 그럼에도 불구하고 올드 스피탈필즈 마켓을 성공적인 사례로 평가하는 이유는 분명하다. 물리적, 공간적으로 많은 변화가 있었지만 기본적으로 올드 스피탈필즈 마켓은 본래의 전통을 유지하면서 과거와 현재의 시공간을 연계하는 역할을 충분히 수행한다.

도시재생의 관점에서 평가하면 더욱 분명하다. 지난 15년여 동안 올드 스피탈필즈 마켓을 관찰하면서 시장 자체도 꾸준하게 발전하고 있지만 주변 일대는 그야말로 하루가 다르게 변하고 있는 것을 확인할 수 있었다. 마치 종이에 먹물을 떨어뜨리면 검은 먹물이 주변으로 퍼지듯이, 변화 또한 확산된다고 할까? 시장을 찾는 유동 인구가 늘어나며 침체된 주변 상권이 자연스럽게 활력을 되찾고, 새로운 주거와 공공공간도 계속 늘어난다. 원론적으로는 쉽지만 실제로 성취하기 어려운 도시재생이 낳은 제대로 된 시너지 효과다. 350년이 넘은 재래시장이 지역 발전의 중심에 있으니 얼마나 더 성공적일 수 있겠나.

기존의 장점을 유지하며 새롭게 탈바꿈한 브런즈윅 센터

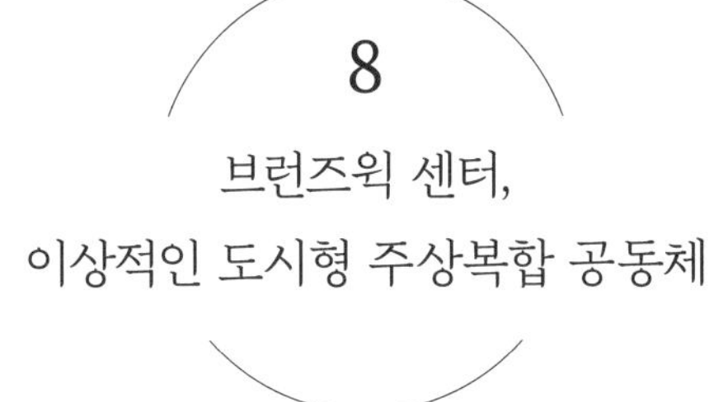

8
브런즈윅 센터, 이상적인 도시형 주상복합 공동체

유럽 현대 도시의 모습은 제2차 세계대전 전후로 나눌 수 있다. 전쟁 중에 유럽 전역의 많은 도시가 심각하게 파괴되었고, 1945년 후 짧게는 10여 년, 길게는 20여 년 넘게 복구 작업이 진행되었다. 비록 전쟁은 도시를 심각하게 파괴한 재앙이었지만, 전후 복구사업을 추진하면서 유럽 도시들은 이전과 비교 불가한 혁신적인 아이디어와 개념을 접목했다. 그러므로 유럽에서 제2차 세계대전 이후 도시계획과 건축 디자인에 새로운 시도가 광범위하게 이루어진 것은 분명한 사실이다.

1950년대에 접어들며 영국에는 브루탈리즘이 등장했다. 사전적으로 '브루탈brutal'은 거칠고 험상궂다는 의미인데 앨리슨과 피터 스미스슨Alison and Peter Smithson, 데니스 라스던Denys Lasdun 등이 브루탈한 디자인을 건축미학으로 발전시켰다. 간략하게 정의하면, 브루탈리즘은 장식이 없는 노출 콘크리트나 벽돌을 사용하고, 구조와 설비를 그대로 드러내고, 기능에 충실한 형태를 과감하게 사용함으로써 기존의 유럽 건축이 추구했던 건축미학과 차별화되었다.[1] 1950~60년대에 런던을 중심으로 영국에서 브루탈리즘이 각광받은 이유는 제2차 세계대전 이후 건축에 대한 수요가 증가했기 때문이다. 브루탈리즘은 선명한 건축미학을 추구하면서 실용성에 기반했으므로 시대 상황과 맞물려 빠르게 인기를 얻었다.

단기간에 상당수의 건물이 영국을 중심으로 유럽 전역에 등장했으므로 당시 브루탈리즘의 영향력은 무시할 수 없는 수준이었다. 그럼에도 불구하고 완공된 건물에 대한 비판이 이어졌고, 20세기 후반에 브루탈리즘의 인기는 급격히 줄어들었다. 한 걸음 더 나아가 21세기를 준비하면서 언론에서 20세기 100년 동안 건립된 건물들을 평가하는 다양한 프로그램이 기획되었는데 여러 개의 브루탈리즘 건물이 최악의 사례로 선정되는 불명예를 안았다. 상황이 이렇다 보니 어느덧 '브루탈리즘=형편없는 건축'이라는 등식까지 성립했고, 브루탈이라는 표현 자체를 부정적으로 사용하기까지 했다.[2]

왜 브루탈리즘의 인기가 급속히 추락했을까? 결정적인 이유를 생각할 수 있다. 브루탈리즘 건축가들은 기능에 충실하면서 미래지향적 이미지를 연상시킬 정도로 과감한 공중 보도, 공중 정원, 발코니, 계단실 등을 디자인했다. 이것 자체를 비판할 수는 없지만, 노출 콘크리트로 건립된 무미건조한 건축은 아름다움은 물론이고, 편안하고, 안전한 장소와 멀게 느껴졌다. 특히 브루탈리즘의 원리에 충실하게 건립된 대규모 주거 단지나 공공건물이 시간이 지날수록 사용자들로부터 외면당함으로써 더 이상 설 자리가 없었다.

안타까운 사실은 건물의 보존과 재활용에 익숙한 영국에서도 브루탈리즘 건물의 상당수가 무관심 속에 철거되었고, 현재까지도 여러 도시에서 논란의 중심에 놓여 있다. 언제나 따라다니는 비판은 "브루탈리즘 건물은 과도한 미학적 실험의 결과물로써 그곳에서 거주하고, 생활하는 사람들을 배려하지 않았다!"는 것이다.

1960~70년대에 영국에서 건립된 브루탈리즘 건물의 대다수는 박물관, 콘서트홀, 체육관, 터미널, 기차역, 쇼핑센터 등이고, 이외에 공동주택이 두드러진다. 특히 주거 문제를 해결하기 위해 단기간에 효과적으로 건립할 수 있었으므로 공동주택이 높은 비율을 차지했다. 그중의 하나가 1972년 런던의 교통 요충지이자 교육 및 상업 중심지인 블룸스버리Bloomsbury 지역에 건립된 '브런즈윅 센터Brunswick Centre'다. 브런즈윅 센터가 건립된 부지 일대는 제2차 세계대전 당시 독일군의 폭격으로 전후 복구사업이 추진되었던 지역이다. 브런즈윅 센터는 배치, 형태, 구조, 재료 등에서 당시 브루탈리즘이 추구했던 대부분의 개념이 포함되었으나, 계획 당시부터 완공 이후 그리고 도시재생을 통해 새로운 모습으로 탄생하기 직전까지 가장 파란만장한 역사를 거친 사례일 듯싶다.

○ 미완의 실험

브런즈윅 센터는 영국에서 쉽게 접할 수 없는 일체형 주상복합 공동주택이다.[3] 영국에서 주거와 상가가 단일 권역, 특히 하나의 공동주택에 자리하는 방식은 보편적이지 않다. 영국의 도시들은 전통적으로 주거 영역과 상가 영역이 명확하게 구분된다. 이러한 방식은 단독주택이나 공동주택이 크게 다르지 않으므로 공동주택의 경우에도 우리나라처럼 단지 내에 편의시설을 갖춘 별도의 상가를 만들지 않고, 광장이나 정원 등 거주자들이 공유하는 공공공간만 존재한다. 따라서 철저하게 주거 영역은 주거 기능에만 충실하고, 상권은 주거로부터 일정 거리를 두고 조성된다. 실제로 영국 도시에서 주거와 상가가 하나의 공동주택에 결합된 형식은 거의 찾아볼 수 없고, 설사 있다 해도 시민들이 선호하지 않을 것이다.

브런즈윅 센터는 18~19세기에 건립된 영국의 전형적인 조지안 테라스 하우스Georgian terrace house가 늘어선 거리에 자리한다. 러셀 스퀘어역Russell Square Station이 단지 앞에 있고, 런던의 교통 허브인 유스턴역Euston Station까지도 걸어서 불과 5분 거리다. 또한 단지 뒤편에는 잘 조성된 공원인 '브런즈윅 스퀘어 가든Brunswick Square Garden'이 있으므로 여러모로 훌륭한 입지 조건을 갖추었다.

1959년에 런던의 대표적인 부동산 개발회사인 '얼라이드 런던 부동산Allied London Properties'이 부지를 매입해 건축가 패트릭 호지킨슨Patrick

Hodgkinson에게 브런즈윅 센터의 설계를 맡겼다.[4] 전체 면적 약 8000평 안에 150세대 400여 명을 위한 주거, 상가, 지하 주차장을 갖춘 고급 공동주택의 건립을 목표로 했다. 뒤에서 설명하겠지만, 건립된 최종 결과는 초기 구상과는 완전히 다르다. 최초에 호지킨슨은 주변의 테라스 하우스와 달리 부지 내에 두 개의 고층건물을 건립하고, 지상에 넓은 공용공간을 확보하는 파격적인 디자인을 염두에 두었다. 그러나 당시 런던시가 경관 보호를 위해 이 지역에는 높이 24미터를 초과하는 건물을 엄격히 규제했으므로 법이 허용하는 범위 내에서 브루탈리즘에 기반해 '메가스트럭처mega structure'를 적용한 디자인을 대안으로 제시했다.

한마디로 호지킨슨의 제안은 '도심형 저층 고밀 주상복합'이다. 지하에는 두 개 층의 주차장, 지상에는 상가 중심의 쇼핑몰, 1층부터 여섯 개 층은 주거로 구성된다. 호지킨슨은 브런즈윅 센터가 주거를 중심으로 상가, 극장, 편의시설 그리고 충분한 공공공간을 갖춘 '모던 빌리지modern village', 즉 새로운 도시형 공동 주거가 될 수 있다고 주장했다. 특히 당시로서는 예외적으로 지하 두 개 층에 넓은 주차공간을 확보하고, 지상층은 보행자 전용 쇼핑몰을, 1층에는 거주자들만이 사용할 수 있는 발코니 형식의 공용공간을 갖추었으므로 기존과 확연히 차별화되었다.

형태적으로 두드러진 특징은 중정을 중심으로 위로 올라갈수록 계단식으로 후퇴하는 입면이다. 물론 거리와 마주한 두 개의 반대편도 동일한 형식을 취해서 가운데의 긴 복도를 축으로 등을 맞대고 서 있는 형식이고, 기본적으로 모든 주거는 외기와 직접 면한다. 계단식 입면은 지상층의 상가와 중정에 최대한 개방감을 주고, 모든 주거가 가능한 자연 채광을 많이 받도록 유도한 것이다. 호지킨슨은 모든 주거가 발코니 창을 통해 하루에 최소 두 시간 이상의 자연 채광을 받을 수 있다고 설명했다. 더불어 중정을 거니는 사용자는 주거동의 위압감을 크게 느끼지 않는다.

호지킨슨은 초기에 벽돌을 주재료로 제안했고, 다양한 크기와 평면을 갖춘 고급 주택에서부터 지역 대학생들을 위한 호스텔까지 16개에 이르는 주거 형식과 평면을 디자인했다. 이를 토대로 높은 수준의 상업시설과 공용공간을 접목해 '소셜 믹스social mix'를 실현할 수 있으리라 기대했다. 하지만 안타깝게도 이러한 호지킨슨의 의도는 거의 구현되지 못했다.

1964년에 정권을 잡은 노동당 정부가 원세입자를 보호하는 법령을 대폭 강화함에 따라 브런즈윅 센터도 직접적인 영향을 받았다.[5] 캠든 카운슬Camden Council은 주거 문제를 해결하기 위해서 방 한두 개의 소규모 임대주택을 원했고, 이때부터 브런즈윅 센터 프로젝트는 초기와 전혀 다른 양상으로 전개되었다. 결국 사업 추진 도중에 많은 일이 벌어졌고, 얼라이드 런던 부동산은 본 프로젝트를 '맥알파인 디자인 그룹McAlpine Design Group'에 인계했다.

호지킨슨이 제안한 디자인에 포함된 기본적인 배치, 형태, 구조, 공간 구성 등만이 유지된 채, 브런즈윅 센터는 1968년에 착공해 1974년에 완공되었다.[6] 초기 계획의 네 배에 육박하는 560세대의 주거, 80개의 상가, 극장, 병원 그리고 무려 925대의 수용 공간을 갖춘 지하 주차장이 만들어졌다. 호지킨슨이 구상했던 16개의 주거 타입은 단 세 개의 임대주택으로 축소되었다.

한마디로 용두사미였다. 또한 주재료는 벽돌에서 콘크리트로 변경되었고, 색채 계획마저 적용되지 않았으며, 특히 저층의 상가와 공용공간의 디테일은 낮은 수준으로 마무리되었다. 아이러니지만 발주처나 시행사 모두 높은 수준의 공동주택이나 새로운 형식의 도심 주거를 기대하지 않았다.

브런즈윅 센터는 혁신적이고, 창의적인 브루탈리즘에서 출발했지만 본질과는 거리가 먼 미완의 결과물로 전락했다. 건축적으로나 공간적으로 수준 낮은 완성도로 거주자는 물론이고, 지역 주민들로부터 외면받았고, 불과 몇 년이 지나지 않아서 마치 수십 년이 지난 듯한 허름한 저소득층 공동주택으로 전락했다. 특히 초기에 신선하게 시도된 지상층의 공공공간과 어우러진 보행 전용 쇼핑몰은 아무런 매력이 없는 모호한 공간으로 퇴보했고, 절반이 넘는 상가가 장기간 임대되지 못함으로써 오히려 쇠퇴를 부추겼다. 완공 초기부터 어느 정도 예측했던 결과였고, 런던 도심에 시도된 혁신적인 주상복합 개발은 브루탈리즘에 대한 부정적 이미지에 공헌하는 또 하나의 실패 사례로 전락했다.

형편없는 수준의 공동주택으로 전락한 브런즈윅 센터 모습 © Twentieth Century Society

초기 예상과 달리 완전히 쇠퇴한 브런즈윅 센터의 쇼핑몰과 광장 © Twentieth Century Society

○ 본래의 근대건축 비전으로

결과만으로 평가하면, 브런즈윅 센터도 20세기 후반에 전국적으로 건립된 일련의 브루탈리즘 건물과 마찬가지로 실패했다. 때문에 재개발, 심지어 전면 철거하자는 압력 또한 거셌다. 불행 중 다행인 것은 민간이 주도한 저층 고밀형 주상복합 개발이라는 건축사적 가치를 인정받은 결과 2000년에 보호건물로 지정되었다는 점이다. 이렇게 해서 제도적인 보호하에 미래를 기약할 수 있는 최소한의 발판이 마련되었다.

브런즈윅 센터는 모든 면에서 매력적인 위치다. 기본적으로 런던대학University College London, UCL을 포함해 여러 개의 대학이 도보권에 자리하므로 젊은 층의 유동 인구가 많다. 그런 만큼 20세기 후반부터 지속적으로 캠든 카운슬에는 브런즈윅 센터를 재개발하자는 제안이 있었고, 번번이 거절되다가 2002년에 비로소 최종 허가를 받았다. 건축가 데이비드 레빗과 데이비드 번스타인David Levitt and David Bernstein은 브런즈윅 센터가 지향하는 목표를 단순 명쾌하게 설명했다. “우리는 본래 브런즈윅 센터가 추구했던 근대건축의 비전과 개념을 복원하고 완성하려고 한다!”[7]

한 가지 주목할 사실은 캠든 카운슬이 1959년에 브런즈윅 센터를 디자인했던 호지킨슨이 함께 작업하도록 요청했다는 것이다. 그가 부지의 상황은 물론이고, 건물에 대해 정확하게 파악하고 있으므로 현명한 판단이었음에 틀림없다. 그가 의욕 있게 시도했던 창의적, 혁신적 브루탈리즘을 뒤로 한 채 브런즈윅 센터가 어설프게 완공된 지 정확하게 30년이 경과한 시점이었다. 두 명의 젊은 건축가와 함께 오래전에 꿈꾸었던 모던 빌리지를 실현할 기회가 다시 한번 주어진 것이니, 그로서는 감개무량한 일이었다.

레빗과 번스타인의 리노베이션 계획에 따라 낡은 기반시설에 대한 전반적인 정비가 이루어졌고, 초기에 계획되었던 크림톤의 밝은색으로 외관을 도색했다. 광장의 바닥도 대리석으로 교체되었고, 설비시설도 단계적으로 정비되었다. 이렇게 기본적인 개선 작업을 마치고 남은 마지막 과제는 과거와 다르지 않았다. 바로 브런즈윅 센터의 성패를 좌우하는 중심 광장을 다시 디자인하는 것이었다.

무엇보다 디자인 팀은 공중 정원을 연결하는 거대한 세 개의 공중 다리를 철거한 후에 광장 양편의 상가를 정교하게 리노베이션하기로 결정한다. 광장과 상가의 유기적인 연계가 브런즈윅 센터의 지속가능성을 궁극적으로 좌우하는 핵심이라 판단했기 때문이다. 본래 공중 다리를 지지하는 원형 기둥은 자연스럽게 지상층에 회랑을 이루고, 보행자에게 아늑한 공간을 제공할 것으로 기대했다. 그러나 특별한 디테일이 없는 육중한 콘크리트 기둥과 이로 구성된 옹색한 공간은 광장은 물론이고, 상가 전체를 어두컴컴하게 만드는 역효과를 낳았다. 그러므로 이를 철거한 것은 장소 전체의 변화를 위한 출발점으로 적절했다.

또한 유리를 적극적으로 사용해 가벼운 느낌을 강조하고, 보행자들과의 시각적인 소통을 강화했고, 여기에 양쪽 상가의 전면에 캐노피를 설치해 길게 늘어선 아케이드 형식의 쇼핑몰도 조성했다. 반투명한 캐노피는 적당한 정도의 그늘을 만들어서 광장 양쪽에 자연스러운 보행로가 구성되도록 했다. 비록 초기와 비교해 광장의 면적은 줄었지만 훨씬 편안하고 쾌적한 공간으로 변했다.

양쪽 상가를 중심으로 보행 중심의 쇼핑몰을 조성한 후에 던져진 결정적인 승부수는 광장의 북쪽 끝에 영국을 대표하는 슈퍼마켓인 웨이트로즈Waitrose가 입점한 것이다. 이것은 여러 가지 측면에서 큰 의미를 지닌다. 광장에 면한 쇼핑몰이 아침 10시 전후부터 저녁 6시 정도까지만 영업하는 반면에 웨이트로즈는 아침 8시부터 밤 10시까지 영업한다. 자연스럽게 이른 아침부터 밤늦게까지 일정 수의 유동 인구가 광장을 이용하도록 유도한다.

기존에 브런즈윅 센터의 중심 공간이 쇠퇴한 이유 중의 하나는 광장과 쇼핑몰의 용도가 애매했기 때문이다. 특성도 없고, 매력적이지도 않았다. 비록 광장과 쇼핑몰이 외부인에게 개방되었으나 실제적으로는 폐쇄적이었고, 편안하게 머무르거나 휴식을 취할 만한 조건을 갖추지도 못했다. 그러므로 디자인 팀은 광장을 보다 개방적으로 바꾸는 데 초점을 맞추었고, 예술가인 수잔나 헤론Susanna Herron과 협업해서 광장 가운데에 '아쿠아덕트Aquaduct'로 불리는 선형의 물길, 벤치 그리고 나무를 배치했다. 절제되고 소박하지만, 고급스러운 랜드스케이

1 2 3 4

1 거리 쇼핑과 휴식이 가능하도록 리노베이션한 중앙 광장
2 안정적인 유동 인구 확보에 결정적 공헌을 한 웨이트로즈 슈퍼마켓
3 테라스 하우스의 장점을 살린 밝고 넓은 공중 정원
4 공공성을 높이기 위해 광장 한가운데 설치된 선형의 물길과 벤치

WAITROSE
WAITROSE

프[landscape] 디자인은 광장의 시각적, 공간적 분위기를 바꾸는 데 크게 일조했다. 특히 아쿠아덕트는 세심하게 설치된 조명과 어우러져 해가 지면 광장을 운치 있는 공간으로 만든다. 낮 시간 못지않게 야간의 활용성이 광장의 활성화를 위해 중요하다는 점에서 아쿠아덕트와 어우러진 경관 조명은 큰 의미가 있다.

한편, 새롭게 조성된 광장을 더욱 매력적으로 만드는 것은 중앙의 조금 넓은 장소에 정기적으로 시선을 끄는 설치미술품을 전시한 것이다. 브런즈윅 센터의 광장이 거주자와 방문객 모두에게 쇼핑, 식사, 휴식을 위한 공간인 만큼, 이곳에 전시된 설치미술품은 전체적인 활력을 불어넣는 데 크게 일조한다. 독특한 설치미술품 앞에서 포즈를 취하고, 사진을 찍는 모습은 과거 이곳에서 보기 어려운 풍경이었다는 점에서 높이 평가할 만하다.

이렇게 해서 한껏 개선된 광장은 주민들은 물론이고, 쇼핑몰 이용객 모두가 즐겁고, 편안하게 머무를 수 있는 독특한 공공공간으로 탈바꿈했다. 특히 점심 때면 주변의 직장인들과 학생들이 벤치에 앉아서 가볍게 식사를 하고, 커피를 마시고, 산책하는 장소로 각광받기 시작했다. 맑은 하늘의 오후에 아쿠아덕트에 앉아서 독서하는 이들의 여유로운 모습은 어느덧 이곳에서 흔한 풍경이 되었다. 또한 주말에는 푸드 마켓이 열려 브런즈윅 센터는 다양한 음식을 맛볼 수 있는 장소로 변신한다.

이전에 브런즈윅 센터를 대표했던 장소 중의 하나는 광장 중간에 자리한 '르느와르 극장Renoir Theatre'이었다. 새롭게 자리 잡은 웨이트로즈와 마찬가지로 극장은 일정 수의 이용객이 왕래하므로 광장과 주변이 쇠퇴하는 것을 막는 효과적인 수단이다. 그러므로 전체적인 수리를 마친 후에 이곳은 '커즌 시네마Curzon Cinema'로 새롭게 개장했다. 커즌 시네마는 런던을 중심으로 영국에서만 10여 개의 극장을 운영하는 체인이다. 영국의 영화 마니아들에게 큰 사랑을 받는 만큼, 커즌 시네마의 입점은 상징적으로도 큰 의미를 지닌다. 계획대로 추진된 일련의 리노베이션 작업은 2006년에 마무리되었으나, 이후에도 캠든 카운슬은 지속적으로 업그레이드를 추진했고, 2019년에 브런즈윅 센터는 현재와 같은 모습을 갖추었다.

○ 지역 경제를 견인하는 개방성과 편의성

그렇다면 과거와 비교해 현재 브런즈윅 센터의 가장 큰 차이는 무엇일까? 바로 '개방성'과 '편의성'이다. 현재 브런즈윅 센터를 구성하는 건물은 좌우의 주거동과 북쪽의 웨이트로즈를 기초로 크게 'ㄷ' 자 형태를 이룬다. 광장 남쪽의 러셀 스퀘어역 방향으로는 완전히 열려 있어 많은 사람들이 자연스럽게 왕래할 수 있고, 주거동을 이루는 양쪽 편에도 각각 한 블록씩 개방되어 동서 방향에서 광장으로 쉽게 걸어 들어올 수 있다. 특히 'ㄷ' 자로 열린 남쪽은 경사로와 계단을 이용해 거

CURZON

CHORIZO SANDWICH

1 방문객들에게 즐거움을 제공하는 광장의 독특한 조각품
2 광장의 활성화에 크게 일조하는 커즌 시네마
3 주말 푸드 마켓으로도 유명한 브런즈윅 센터 광장
4 개방된 형태로 주변 지역 활성화를 견인하는 브런즈윅 센터

리와 자연스럽게 연계되고, 집중적으로 레스토랑과 카페를 배치해 광장의 내부까지 진입하지 않고도 쉽게 이용할 수 있도록 유도했다. 이러한 개방성을 토대로 전략적인 상가 배치가 이루어져 맞은편의 러셀 스퀘어 역세권과 주변 지역이 활력을 되찾는 데 일조한다.

한편, 비록 대규모는 아니지만 브런즈윅 센터 광장의 쇼핑몰은 레스토랑, 카페, 옷가게, 각종 생필품점 등으로 무척 다양하게 구성되어 있고, 웨이트로즈와 커즌 시네마까지 있으니 사실상 모든 것을 갖추었다. 거주자와 방문객 모두에게 이보다 더 편리한 장소가 있을까?

○ 도시재생으로 마침내 완성한 주상복합 공동체

캠든 카운슬은 브런즈윅 센터의 물리적 환경 개선에만 그치지 않고, 적극적으로 제도적 변화도 모색했다. 본래 전체 주거를 임대주택으로 사용했으나, 리노베이션을 마친 후에 25퍼센트는 매매가 가능하도록 허용했다. 이를 통해 사회적 통합을 모색하고, 새로운 공동체를 유도했다. 또한 주민들이 함께 사용하는 공용공간도 할애하고, 주민공동체와 상인공동체가 브런즈윅 센터를 안전하고 깨끗하게 관리할 수 있도록 적극적으로 지원했다.

1959년에 시작된 브런즈윅 센터의 혁신적 시도는 무려 60년이 지나서 실현되었다. 브런즈윅 센터가 자리한 블룸스버리는 바로 인접한 브런즈윅 스퀘어 가든을 포함해 보행 권역에만 10여 개의 크고 작은 공원이 존재한다. 런던의 상징인 영국박물관이 걸어서 5분 거리이고, 런던대학과 세계적인 건축학교인 에이에이스쿨AA School 또한 인접한다. 그야말로 런던의 심장부다. 이곳에 오랫동안 미완으로 방치되었던 브런즈윅 센터가 도시재생을 통해 새롭게 탄생함으로써 주변 일대가 전체적으로 활력을 되찾는 데 크게 일조했다.

브런즈윅 센터는 단 한 대의 차도 단지에 들어오지 않는 완벽한 보행 전용 주상복합 단지이고, 거주자와 방문객 모두가 편안하고, 안전하게 즐길 수 있는 공공공간과 각종 편의시설을 갖추었다. 브루탈리즘을 적용한 독특한 건축은 아무리 많은 방문객이 광장 주변에 머물지라도 프라이버시를 침해하지 않는다. 과연 런던에 이보다 더 이상적인 도시형 주상복합건물이 있을까?

1972년에 완공된 후에 얼마 지나지 않아서부터 비판의 중심에 놓였고, 끊임없이 철거해야 한다는 주장이 제기되었던 흉물이 이제는 모두가 사랑하는 장소로 탈바꿈했다. 그리고 한 걸음 더 나아가 '복원된 근대건축의 아이콘'이라는 명예로운 호칭까지 얻었다. 아마도 도시재생이 쓴 가장 드라마틱한 이야기가 아닐런지. 브런즈윅 센터와 영욕을 함께했던 호지킨슨은 이곳에서 살다가 2016년에 생을 마감했다. 다행히도 그가 세상을 떠날 즈음에는 1959년에 꿈꾸었던 것들이 대부분 실현되었다.

초고층건물인 더 샤드와 런던 브리지역 전경

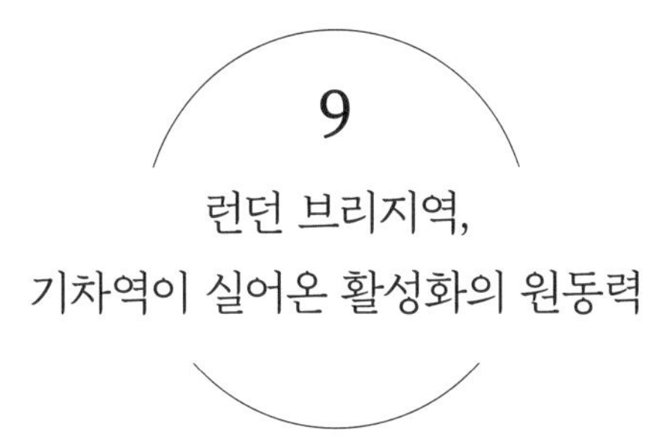

9

런던 브리지역, 기차역이 실어온 활성화의 원동력

영국은 산업혁명의 출발지답게 세계 최초로 많은 도시 기반시설을 건설했는데, 대표적인 것 중의 하나가 바로 '기차역station'이다. 1825년에 철도의 아버지로 불리는 조지 스티븐슨George Stephenson이 증기기관차를 발명했고, 북부 지방의 스톡턴Stockton과 달링턴Darlington을 연결하는 화물 철도가 놓였다.[1] 이후 1930년에 맨체스터Manchester와 리버풀Liverpool 사이에 승객 철도가 놓이고 기차역이 건립되면서 본격적인 도시 철도의 시대가 시작되었다.

화물 터미널과 승객 터미널이 결합된 도심 기차역은 지속적으로 규모가 확장되었고, 주변에 상권이 집적함으로써 자연스럽게 도시의 중심으로 자리 잡았다. 기차역이 맨체스터와 리버풀에 먼저 건립되었지만, 단연 런던이 역세권을 중심으로 한 도시의 확장을 선도했다. 1836년에 템스강 남쪽에 건립된 '런던 브리지역London Bridge Station'을 시작으로 현재까지 런던에는 무려 369개의 기차역이 건립되었다.[2]

런던 기차역의 대부분은 19세기에 건립되었으므로 도시의 경제적, 사회적, 기능적 구조도 이 즈음에 기차역을 중심으로 형성되었다. 또한 1836년에는 '킹스 크로스역King's Cross Station'을 시작으로 지하철역까지 개통함으로써 기차역과 지하철역이 결합된 거대한 역세권이 탄생했다. 기차역은 런던과 지방을, 지하철역은 런던 시내를 거미줄처럼 연결하므로 역세권은 교통, 상업, 주거, 교육, 문화, 예술 등 모든 면에서 지역의 중심으로 성장했다.[3]

런던의 역세권은 20세기 중반까지 전 세계에서 유래를 찾기 어려울 만큼 급속하게 확장되었다. 그러나 제2차 세계대전을 거치고, 20세기 후반을 지나면서 새로운 국면에 접어들었다. 19세기에 건립된 상당수의 기차역은 역사 외에 충분한 편의시설을 갖추지 못했고, 대부분 심각할 정도로 노후했다. 또한 기차역 주변도 기능적으로나 공간적으로 쇠퇴해 급격하게 활력을 잃었다. 따라서 특별한 성장 동력이나 변화가 없는 역세권은 쇠퇴할 수밖에 없었다.

템스강 북쪽의 역세권에는 금융보험산업과 서비스산업이 입지해 나름의 위상을 굳건히 유지했으나 템스강 남쪽의 상황은 그렇지 못했다. 오랫동안 런던의 발전을 견인했던 역세권이 애물단지로 여겨지기 시작했다. 여전히 교통 허브로서의 역할을 충실히 수행하는 기차역의 경우도 내·외부의 환경이 열악하고, 위험하기까지 하므로 시민들로부터 외면받았다.

런던 브리지역은 이름이 의미하듯 런던 브리지를 통해 템스강을 건너자마자 남단에 자리한다. 템스강을 사이에 두고 강북에 자리한 런던의 금융 중심가인 뱅크역Bank Station과 연결되는 강남의 요충지이고, 남부 지방에서 런던으로 들어오는 관문이다. 이처럼 런던 브리지역은 과거나 현재나 지정학적으로 중요하지만 20세기 후반부터 각종 오명을 얻었다. 런던에서 가장 복잡한 역, 런던에서 길 찾기 가장 힘든 역, 런던에서 가장 지저분한 역, 런던에서 가장 추한 역 등 사실상 역과 관련된 부정적 이야기는 모두 들을 정도였다.

도시재생사업 전인 2008년 런던 브리지역의 쇠퇴한 모습 ⓒ Alamy

이는 1970~80년대 런던 브리지역의 모습을 보면 쉽게 고개를 끄덕일 만큼 현실적인 평가였다. 역 주변은 마치 거대한 공장지대를 방불케 하고, 어쩔 수 없이 역을 이용하는 시민들은 불편과 위험을 감수하는 것이 일상이었다. 런던 브리지역의 오명은 역 자체만의 문제가 아니었다. 런던 브리지역 주변에 자리했던 대부분의 공업 및 상업시설들이 20세기 중반을 넘어서면서 급격히 쇠퇴함으로써 이 지역은 각종 경제 및 사회지표에서도 대부분 최하위를 기록했다. 템스강을 건너 바로 위쪽에 펼쳐진 화려한 금융보험지구는 영국 경제의 심장부이지만, 런던 브리지역 주변의 상황은 모든 면에서 참담할 지경이었다.

많은 도시재생사업이 그렇지만, 21세기에 접어들어 도시재생을 통해 탈바꿈한 런던 브리지역과 주변 지역의 모습은 드라마틱하다는 표현으로도 충분하지 않다. 런던 브리지역과 주변의 변화는 교통 허브를 넘어 경제, 사회, 환경, 문화, 예술 등 거의 모든 면에서 감지되었기 때문이다. 한마디로 21세기 역세권 재생사업의 진수를 보여준다.

○ 런던 브리지역의 가능성과 잠재력

20세기 후반에 영국은 도시건축 정책 수립의 전성기를 맞이했다. 이전에도 도시건축 정책 수립에 관해서는 선도적이었으나, 21세기를 앞두고 더욱 박차를 가했다. 그 중심에는 단연 런던이 자리했다. 세계 최고의 금융도시이자 관광도시로서 위상을 굳건히 지키기 위해 무엇보다 시급한 것 중의 하나는 템스강 북쪽과 비교해 극도로 쇠퇴한 남쪽의 종합적 활성화였다. 이를 위해서 수립된 핵심 정책 중의 하나가 '템스링크 2000Thameslink 2000'이다. 본 정책은 기존 역세권을 활용해 쇠퇴한 템스강 남쪽의 활성화를 모색하려는 전략이었다. 구체적으로 템스링크 2000은 템스강을 중심으로 영국 남동 권역의 철도 연계망을 개선하는 사업이고, 런던 브리지역은 규모나 중요성 면에서 본 사업의 핵심이었다.[4]

템스링크 2000에서 수립한 전략에 따라 1991년부터 중앙정부는 대규모 예산을 편성해 런던 브리지역의 활성화사업을 의욕적으로 추진했다. 그러나 새로운 세기가 시작하기 전에 대부분의 작업을 마칠 수 있을 것으로 예상한 것과 달리, 런던 브리지역을 활성화하기 위한 만족할 만한 대안은 찾기 어려웠고, 2006년까지 계획조차 마무리하지 못했다. 그만큼 템스강 남쪽의 쇠퇴가 복잡하고, 지속가능한 발전 방향을 찾는 것이 어려웠다는 반증이다. 그럼에도 불구하고 결과적으로는 어설프게 사업을 시작하지 않은 것이 잘된 일이었다.

영국 정부는 보편적인 유럽 도시들과 달리 보존과 개발을 도시 발전의 양 바퀴로 간주하는 적극적인 정책을 펼쳤다. 한편으로 전통을 지키기 위해 엄격한 보존 원칙을 고수하면서, 다른 한편으로 지속적인 발전을 위해 정책의 틀 안에서 대규모 개발을 허용했다. 런던의 경우 허용된 대규모 개발 방식 중의 하나가 바로 '고층건물의 건립'이다. 오랜 역사를 보유한 유럽 도시 중에서 고층건물 건립에 유연하게 접근하는 도시는 런던이 거의 유일하다.

런던시가 고수하는 원칙은 간단명료하다. 종합적 분석을 토대로 역사적, 공간적, 시각적으로 역사적 맥락에 피해를 최소화할 수 있는 지역을 전략적으로 설정한 후에 세밀한 정책적 가이드라인을 수용하는 범위 내에서 고층건물 중심의 대규모 개발을 허용한다.[5] 이러한 까다로운 조건을 기반으로 런던 전역을 살펴보면, 실질적으로 고층건물을 건립할 수 있는 잠재적 지역의 윤곽이 나온다. 여기에 경제성을 동시에 감안하면 최우선 순위는 단연 '기차역 주변', 즉 역세권으로 압축된다.

런던시가 역세권 중심의 고층건물 개발에 적극적인 이유는 두 가지 문제를 동시에 개선할 수 있다는 전략적 판단 때문이다. 첫째는 고층건물과 연계해 노후한 기차역 자체의 기능을 향상시킬 수 있고, 둘째는 고층건물을 중심으로 역세권 주변의 광범위한 지역 활성화를 모색할 수 있다는 것이다. 이러한 가운데 다양한 비교를 거쳐 10여 개의 역세권이 고층건물 주도형 재생 지역으로 부상했고, 그중에서 런던 브리지역이 이목을 집중시켰다.

런던 브리지역은 런던 중심부와 인접하지만, 20세기 후반부터 경제적으로 광범위하게 낙후되었고 사회적으로도 소외되었다. 그럼에도 불구하고 대규모 부지를 차지하고, 주변에도 활용 가능한 넓은 유휴지가 존재하므로 가능성과 잠재력 측면에서는 가장 매력적이었다.

나아가 앞서 설명했듯이 런던 브리지역은 필요성에도 불구하고 지속적으로 연기된 템스링크 2000 사업의 핵심이었으므로 모든 면에서 충분한 명분을 확보했다. 결국 런던 브리지역은 템스강 남쪽을 중심으로 21세기 새로운 런던의 비전을 실현할 구심점으로 큰 기대를 모았다.

○ 수직도시와 수평도시의 어우러짐

1998년에 셀라 부동산 그룹Sellar Property Group은 런던 브리지역 남단에 접한 '서더크 타워Southwark Towers'를 매입했고, 이 일대를 초고층건물을 중심으로 개발하려는 계획을 세웠다. 어빈 셀라Irvine Sella 대표는 앞서 설명한 런던시의 전략과 런던 브리지역의 중요성을 정확히 간파했고, 건축가 렌초 피아노를 만나서 자신의 의도를 설명했다.[6] 그러나 피아노가 세계 최고 건축가 중의 한 명이라는 것과는 별개로, 그는 초고층건물을 설계한 경험이 없었고, 더군다나 평소 초고층건물에 부정적이었다.

그러나 놀랍게도 피아노는 셀라의 비전과 설명을 들은 후에 생각을 바꾸었고, 전격적으로 초고층건물의 디자인을 맡았다. 통상적으로 뉴욕이나 도쿄와 같은 대도시의 중심부에 건립되는 초고층건물과 비교해 런던 템스강 주변의 낙후된 역세권에 건립되는 초고층건물이라는 점이 그의 도전 정신을 자극했음은 너무나 자명하다.

피아노는 '수직도시Vertical Ctiy'를 주개념으로 무려 309.6미터에 달하는 당시 유럽에서 가장 높은 초고층건물인 '더 샤드The Shard'를 디자인했다.[7] 2012년에 완공된 더 샤드는 주거, 사무, 호텔, 상가를 중심으로 각종 서비스시설을 갖춘 하나의 거대한 도시라 할 수 있다. 그러나 앞서 강조했듯이 더 샤드의 성공 여부는 그 자체에 있지 않았다. 공간적으로 런던 브리지역과 어떻게 연결되고, 시너지 효과를 낼 것인가가 더욱 중요했다. 초고층건물이 교통 혼잡을 포함해 주변에 여러 가지 부정적 영향을 미치는 경우가 흔하므로 더 샤드와 런던 브리지역의 공간적, 기능적 조화와 연계가 절대적으로 중요했다.

피아노의 디자인은 기대에 부응할 만큼 성공적이었다. 피라미드를 연상시키는 건물의 형태는 상층부로 올라갈수록 볼륨이 감소해서 300미터가 넘는 높이에도 시각적으로 주변을 압도하지 않는다. 무엇보다 중요한 것은 저층부를 최대한 비워서 런던 브리지역의 공용공간과 자연스럽게 연결시킴으로서 최대한 공공성에 충실한 모습을 보였다는 점이다. 더 샤드에서는 도시에서 흔히 마주하는 권위적인 초고층건물의 모습을 전혀 찾을 수 없다. 이러한 절제된 디자인으로 실제 방문객이나 주변 보행자는 더 샤드의 존재를 크게 알아차리지 못한다. 이 정도 높이와 면적을 지닌 초고층건물이 지상에서 주변을 압도하지 않는 것은 결코 쉽지 않으므로 더 샤드의 디자인은 충분한 공감대를 이루었다.

더 샤드의 완공은 오랫동안 머뭇거렸던 런던 브리지역 변화의 본격적인 신호탄이었다. 수없이 많은 논의와 수정을 거쳐 확정한 리노베이션 계획에 따라 2013년에 런던 브리지역의 리노베이션 공사가 착공되었다. 런던 브리지역은 또 다른 거장인 니콜라스 그림쇼Nicholas Grimshaw 사무실에서 담당했다.[8] 리노베이션의 핵심은 다음 세 가지로 요약할 수 있다. 첫째로 연간 이용객을 최대 9000만 명까지 수용하고, 둘째로 기차역으로 단절된 주변 지역을 공간적으로 통합하고, 셋째로 150여 년 된 기존 건물의 역사성을 최대한 보호한다.

여기에 현실적인 조건을 한 가지 추가하면 기차의 운행을 중단하지 않은 채 모든 공사를 진행해야 한다는 것인데, 공사 기간 동안 런던 브리지역을 닫을 경우에 발생하는 교통 혼잡은 대안을 마련하는 것이 불가능했기 때문이었다. 따라서 런던 브리지역의 리노베이션 공사는 어느 것도 쉽지 않은 도전적인 프로젝트였다.

런던 브리지역 리노베이션의 핵심은 길이 165미터, 폭 80미터에 달하는 상상을 초월한 규모의 '중앙 홀concourse'을 계획하는 것이었다. 중앙 홀은 실내에 조성한 다목적 광장으로서 영국 최대 규모의 축구장인 웸블리 스타디움Wembley Stadium을 능가한다. 기본적으로 런던 브리지역은 남쪽의 툴리 거리와 북쪽의 '세인트 토마스 거리St Thomas Street'를 따라 동서 방향으로 길게 자리한다.

그러므로 기존의 역사는 동서 방향으로 기차 승강장을 지지하는 대형 고가교로 이루어졌고, 이러한 구조로 불가피하게 툴리 거리와 세인트 토마스 거리는 공간적으로 단절되어 있었다. 동일한 자치단체에 속하지만 실제로 툴리 거리 주변과 세인트 토마스 거리 주변은 오랫동안 전혀 다른 장소로 존재했다.

상상을 초월한 규모의 중앙 홀은 런던 브리지역의 성공을 견인하는 탁월한 선택이었다. 기존의 역사가 앞뒤 두 지역을 공간적으로 단절할 뿐만 아니라 연간 5000만 명에 달하는 이용객으로 매일 인산인해를 이루었기에 기차 역사의 내부 공간은 언제나 전쟁터를 방불케 했다. 그러나 현재 4000여 평에 달하는 탁 트인 중앙 홀은 아무리 혼잡한 출퇴근 시간대라도 한산해 보일 정도다. 특히 상부에서 자연 채광이 최대한 유입되도록 디자인해 실내 공간이라고는 믿을 수 없을 만큼 밝다.

이것은 시작에 불과하다. 중앙 홀은 툴리 거리와 세인트 토마스 거리 방향으로 넓은 출입구가 만들어져서 150년 동안 공간적으로 단절되었던 두 지역이 실제적으로 통합되는 결정적인 계기를 만들었다. 지역 주민들조차 기대하지 않았던 놀랄 만한 변화다. 중앙 홀에서 관찰하면 기차 이용객과 별개로 양방향에 자리한 출입구를 통해 지역 주민들이 편안하게 왕래하는 것을 쉽게 확인할 수 있다.

새롭게 조성된 넓고 밝은 중앙 홀은 기차 이용객만을 위한 공간이 아니다. 중앙 홀의 한쪽 편에 마련된 상가와 카페 그리고 휴식공간은 어느덧 시민들이 사랑하는 공간으로 자리 잡았다. 실제 중앙 홀에서는 위층에 자리한 기차 승강장과 기차의 존재를 알아차릴 수 없으므로 양쪽 거리가 만나는 다목적 광장으로 계속 발전할 것으로 기대한다.

광장에 진입한 기차 이용객은 양측에 설치된 에스컬레이터를 이용해 위층의 기차 대합실과 승강장으로 이동한다. 총 15개로 구성된 승강장은 선로를 따라 우아한 곡선으로 만들어졌고, 알루미늄 캐노피로 덮여서 비록 외부 공간이지만 아늑한 분위기를 연출한다.

기존의 승강장이 외기에 그대로 노출되었던 것과 비교할 때 새로운 승강장은 공간적으로나 시각적으로 한껏 세련되었다. 마치 물결치는 듯한 모습의 일체화된 선형 캐노피는 승강장 내에서는 물론이고, 밖의 거리에서도 더욱 아름다운 경관을 연출한다. 캐노피는 기존 역사의 벽돌과 새롭게 확장된 공간을 구성하는 벽돌 위를 날렵하게 덮으며, 200여 미터에 달하는 육중한 역사를 역동적인 모습으로 바꾸어놓았다.

한편, 위층에 자리한 별도의 대합실과 홀은 자연스럽게 외부 광장과 출입구로 통하는데 이곳으로 나가면 더 샤드와 바로 연결된다. 이와 같은 수직적 공간 배분으로 지상층과 위층 이용객이 적절히 분리되고, 특히 기차 이용객과 더 샤드 방문객의 동선이 섞이지 않는다. 물론 기차 이용객의 경우도 아래층으로 내려가서 툴리 거리와 세인트 토마스 거리를 이용하거나, 바로 더 샤드 방향의 '런던 브리지 거리London Bridge Street'로 나갈 수도 있다. 즉 더 샤드와 런던 브리지역이 복층 형식의 두 개 층의 거리로 연결되어 교통 혼잡을 크게 완화시킨 것이다.

피아노가 더 샤드의 디자인을 통해 수직도시의 개념을 구현했다

7

1 광장 형식으로 내부에 조성된 런던 브리지역 중앙 홀
2 외부와 연결되는 중앙 홀 위층의 기차 승강장과 대합실
3 우아한 곡선의 캐노피가 새롭게 덮인 기존의 기차 승강장
4 걸어서 템스강변과 런던시청으로 연결되는 런던 브리지역

면, 그림쇼는 기존 역사의 리노베이션을 통해 수평도시의 개념을 구현했다. 이 과정에서 두 건축가가 일관되게 공유한 생각은 사용자와 지역 주민을 동시에 고려한 공공성이다. 결국 전혀 다른 두 개의 혁신적 개념이 런던 브리지역에서 통합되어 지역 활성화를 위한 엄청난 시너지 효과를 발휘했다.

○ 새롭게 태어난 매력적인 거리들

런던 브리지역의 리노베이션 공사는 2018년에 모두 끝났다. 역사 자체가 가진 많은 난제를 해결한 것 이상의 성공적인 결과는 주변 거리들에서 확인할 수 있다. 기본적으로 기차역을 위해 필요한 기능적 시설들은 새롭게 건설되었으나, 주변 거리와 직·간접적으로 연결된 건물과 시설의 대부분은 재활용되었다. 이러한 원칙으로 적어도 외부에서 보면 런던 브리지역은 신축보다 보수의 느낌이 훨씬 강하다. 또한 기존 건물에 새롭게 추가된 부분도 가능한 기존 형태와 재료에 가깝게 디자인함으로써 이질감을 느끼지 않게 했다.

무엇보다 중요한 변화는 활력을 되찾은 툴리 거리와 세인트 토마스 거리다. 툴리 거리의 맞은편은 런던시청을 포함한 모어 런던 지구다. 툴리 거리와 툴리 거리에 면한 런던 브리지역의 남쪽 출입구는 자연스럽게 템스강변으로 향하는 모어 런던 리버사이드 거리와 연결된다. 넓게 확장된 툴리 거리와 깔끔하게 정비된 주변 상권은 향후 모어 런던 권역은 물론이고, 위아래 상권과 어우러져 지속적으로 발전할 것이다.

반대편에 자리한 세인트 토마스 거리의 변신은 더욱 놀랍다. 리노베이션 전에 세인트 토마스 거리는 기차역을 지지하는 거대한 아치를 따라서 걷는 유쾌하지 않은 거리였다. 정확히 표현하면, 비록 출퇴근을 위해 런던 브리지역을 이용할지라도 대부분의 보행자가 반대편 거리를 이용할 만큼 낡고 허름했다. 당시 거리를 보면 지금은 쉽게 상상할 수 없는 모습이었다.

그러나 현재 세인트 토마스 거리는 과거의 모습은 모두 사라지고, 정갈하고 고풍스러운 쇼핑 거리로 탈바꿈했다. 주변을 걷는 것이 불쾌할 정도로 허름했던 아치형 구조물은 이제 매력적인 상가로 개조되었고, 거리를 따라서 확장된 부분도 동일한 형태를 적용해 일체화된 느낌이다. 이제는 세인트 토마스 거리 방향의 출입구를 런던 브리지역의 정면으로 인식하는 경우도 많으니 실로 놀라운 변화라고 부를 만하다.

툴리 거리와 세인트 토마스 거리가 런던 브리지역을 위아래로 감싼 두 개의 거리라면 '스테이너 거리Stainer Street'와 '웨스턴 아케이드Western Arcade'는 새로운 생명력을 부여받은 장소라고 표현하는 것이 적절할 듯싶다.

먼저 스테이너 거리는 기존 역사의 남북 방향을 관통하는 어두컴

Welcome to
London Bridge Station
Ticket office
Information

런던 브리지역의 정면으로 인식될 정도로 변신한 세인트 토마스 거리 모습

런던 브리지역 재생 전후의 기차역 하부 모습

터널에서 매력적인 전시공간으로 변신한 스테이너 거리

컴하고 좁은 터널이었다. 차와 보행자가 동시에 이용했지만 걷기에는 끔찍한 거리라는 표현이 적절하다. 양쪽 거리를 연결하는 지름길과 같은 좁은 통로였는데 역사를 리노베이션하면서 이곳을 보행자 전용 통로 겸 전시가 가능한 다목적 공간으로 개조했다. 기존 터널의 구조와 형태를 유지하면서 벽돌로 구성된 아치형 공간은 그 자체로 충분히 매력적이다.

보행자는 바로 옆에 자리한 런던 브리지역의 중앙 홀을 거치지 않고, 툴리 거리와 세인트 토마스 거리로 이동할 수 있으므로 기능적으로도 효과적인 다목적 보행 전용 공간이라 할 수 있다. 터널형의 내부 공간이 아늑한 보행공간으로 탈바꿈한 덕에 천장과 벽면은 전시공간으로 활용된다. 새로운 문화예술공간의 출범을 알리는 신호탄으로 지난 2018년에는 지역에서 활동하는 창의적 예술가인 마크 티치너Mark Titchner의 작품이 설치되었다. 추상적인 문양을 새긴 컵 형태의 철재 조각을 지붕에 설치해 기존 아치형 공간과 독특한 조화를 연출한다. 스테이너 거리를 걷는 보행자들은 지저분하고 어두컴컴했던 터널의 변신에 놀라고, 이곳이 전시공간으로 사용되는 것에 탄성을 금치 않는다.

스테이너 거리의 한가운데 서면 멋진 아케이드형 쇼핑몰이 등장하는데 바로 웨스턴 아케이드다. 기본적으로 웨스턴 아케이드는 런던 브리지역의 중앙 홀에서 지하철역으로 이동하는 연결 통로이고, 리노베이션 전에도 양쪽 면에 상가가 있었다. 그러나 리노베이션을 통해 보수 및 확장되면서 아케이드 쇼핑몰로는 영국에서 가장 아름다운 장소로 변신했다. 총 34개의 사각형 기둥으로 지지되는 아케이드는 쇼핑몰 이전에 그 자체로 아름다운 공간이다.

무엇보다 웨스턴 아케이드의 매력은 마치 대성당의 지붕을 연상시키는 아치가 교차하면서 세 개의 거리를 만든 것에서 찾을 수 있다. 기존의 거친 벽돌로 조성된 아치와 콘크리트로 새롭게 조성된 아치가 신구의 조화를 이루면서 하나의 거대한 아케이드를 이루었다. 자연스럽게 가운데는 기차역과 지하철역을 연결하는 통로 역할을 하고, 양측면은 통로 겸 쇼핑 거리로 사용된다. 인근에 대형 백화점이나 쇼핑몰이 없다는 점에서 기차역과 지하철역 이용객은 물론이고, 지역 주민들에게도 사랑받는 장소다.

정리하면, 런던 브리지역은 내·외부 공간 모두 철저하게 보행자 중심으로 계획되었다. 앞서 설명했듯이 기존 역사가 오명을 넘어 악명을 얻을 정도였기에 새로운 역사가 이용자들과 주민들에게 주는 감흥은 크다. 이러한 전략에 힘입어 앞서 설명한 바와 같이 툴리 거리, 세인트 토마스 거리, 스테이너 거리, 웨스턴 아케이드 등은 이용객과 주민에게 안전하고 편안하고 매력적인 보행 환경을 제공한다.

광활한 면적의 역사와 압도적인 높이의 초고층건물이 결합된 역세권 주변의 거리가 보행자를 최우선으로 배려함으로써 '걷기 좋은 장소'로 바뀌었다. 동일한 원칙을 가지고 런던 브리지역 주변의 보행권역이 더욱 확장되리라 예상하는 것은 어렵지 않다. 보행 권역의 확

1 2

1 기존의 벽돌 아치와 새로운 콘크리트 아치가 어우러진 웨스턴 아케이드
2 통로 겸 쇼핑 거리로 단장한 웨스턴 아케이드

장은 곧 주변의 소외된 구석구석으로 발길이 뻗어나가고, 활력을 되찾는 기회가 마련되는 것을 의미한다.

○ 지속가능한 발전을 견인하는 구심점

현대 도시에 건립된 기차역은 곧 발전의 척도다. 그러므로 정도의 차이는 있지만 대부분의 도시는 더 크게, 더 넓게 기차역을 경쟁적으로 건립한다. 그러나 기술의 발전을 포함해 빠르게 진화 중인 현대 도시에서 기차역은 영원할 수 없는 운명이고, 일정 시간이 경과하면 필연적으로 쇠퇴한다. 아이러니는 도시의 발전을 위해 크고 넓게 건립한 기차역이 쇠퇴하는 순간부터 애물단지로 전락한다는 것이다. 커질 대로 커지고, 주변과 복잡하게 얽힌 사회경제적 이해관계로 기차역은 변화를 쉽게 모색하기 어렵다. 전 세계적으로 도시에 발생한 슬럼가의 상당수가 기차역 주변이라는 점은 현대 도시가 낳은 감출 수 없는 어두운 단면이다.

런던에서 가장 노후한 런던 브리지역의 변화가 놀라운 이유는 새롭게 요구되는 기능적 필요성을 수용하면서 쇠퇴한 주변 일대의 광범위한 활성화를 위한 기폭제가 되었기 때문이다. 새로운 상권과 일자리를 창출하고, 다양한 사업 기회를 제공한 것은 기본이다. 여기에 활력을 되찾은 거리와 새롭게 조성한 공공공간을 동력으로 오랫동안 단절된 두 지역을 통합함으로써 지속가능한 발전을 견인하는 구심점이 되었다. 런던 브리지역의 이러한 모습은 현대 도시가 꿈꾸는 진정한 도시재생임에 틀림없다.

보행 중심의 공공공간으로 거듭난 킹스 크로스 광장

10 킹스 크로스, 하나씩 맞춰가는 21세기 런던의 퍼즐

전 세계적으로 21세기에 추진된 도시재생사업과 관련해 가장 많이 언급된 사례를 하나만 꼽는다면 아마도 '킹스 크로스King's Cross'일 것이다. 왜 그럴까? 킹스 크로스 재생사업은 시민 참여, 민관 협력, 공공공간 조성, 보행 환경 개선, 역세권 활성화, 산업유산 재활용, 복합개발, 주거지 활성화 등 오늘날 도시재생이 추구하는 화두의 대부분을 포함하기 때문이다. 또한 사업 과정은 물론이고, 단계적으로 등장하는 결과들은 충분한 교훈적 메시지를 전한다. 그러므로 지난 20여 년 동안 킹스 크로스는 국내·외를 불문하고 도시재생사업 논의의 한가운데 자리했고, 앞으로도 그러할 것이라 예상한다.

런던 지도를 펼치면 킹스 크로스의 지정학적 중요성을 명확히 확인할 수 있다. 킹스 크로스는 로마 시대부터 런던의 상징적, 경제적 중심으로 자리 잡은 센트럴 런던의 심장부다. 산업혁명을 거치면서 런던은 대량생산과 소비의 중심으로 발전했고, 킹스 크로스역은 1850년에 런던과 북부 지역을 효과적으로 연계하기 위한 증기기관차 정류장으로 건립되었다. 이어서 1868년에는 바로 옆에 중부 지역을 연결하는 기차역의 출발점인 '세인트 판크라스역St Pancras Station'을 추가로 건립해 명실공히 영국을 대표하는 역세권으로 발돋움했다.[1]

이후 런던과 영국 전역을 연결하는 효과적인 교통망을 토대로 킹스 크로스 일대에는 각종 물류시설과 대형 창고는 물론이고, 가스 공장 등을 포함한 산업시설이 집적했다. 여기에 호텔과 상업시설까지 들어서면서 킹스 크로스는 런던에서 가장 활발한 경제 권역으로 발돋움했고, 노동자와 저소득층을 위한 주거 지역도 광범위하게 조성되었다.

한편, 킹스 크로스역은 1863년에 개통된 세계 최초의 지하철을 포함해 여섯 개의 지하철 라인이 통과함으로써 현재도 런던 시내를 거미줄처럼 연결하는 교통 허브로서의 역할을 한다. 런던 지하철역 중에서 가장 많은 승객이 이용하며, 기차역 이용객까지 합치면 연간 1200만 명이 넘는 엄청난 규모의 사람들이 이곳을 오간다. 그러나 킹스 크로스역은 20세기 초반까지 기차역과 지하철역을 중심으로 교통 허브로서의 위상은 굳건하게 유지하면서도 경제적 상황은 좋지 못했다. 제2차 세계대전 이후 킹스 크로스 일대는 산업 지역으로서의 경쟁력을 상실한 채 빠르게 쇠퇴했다. 공장, 창고, 물류시설을 중심으로 조성된 8만여 평의 부지는 순식간에 활력을 잃었고, 설상가상으로 매춘과 마약 그리고 각종 범죄까지 증가했다.

킹스 크로스 지역은 산업이 활발할 당시에도 공공공간과 주거 환경이 열악했으나, 쇠퇴한 이후에는 그야말로 처참할 지경이었다. 부지 곳곳에 부서졌거나 문을 닫은 채로 버려진 산업시설은 런던이라고 상상하기 어려울 정도였고, 제대로 관리되지 못한 채 방치된 시설이 유발하는 환경오염도 심각했다. 어느덧 킹스 크로스는 런던의 대표적인 빈민가로 전락했다.

규모는 다르지만 런던에는 킹스 크로스역 외에도 19세기 중반 이후에 건립된 여러 개의 대규모 기차역이 있는데 킹스 크로스역 주변은 다른 역세권과 비교해 쇠퇴가 심각했다. 당시에만 해도 킹스 크로스역 일대는 철저하게 물류기반시설로서의 역할에만 집중했을 뿐 변화를 모색하거나 수용할 여지가 없었기 때문이다. 따라서 쇠퇴를 해결하려는 다양한 계획과 대안이 제시되었지만 가시적인 성과를 거두는 데 한계가 있었다. 무엇보다 모두가 동의할 만한 킹스 크로스의 미래를 계획하는 것이 어려웠고, 재생사업을 추진하는 데 필요한 천문학적 예산을 확보하는 것도 거의 불가능에 가까웠다.

암울한 상황에서도 작은 위안은 일부 예술가들과 디자이너들이 저렴한 임대료 덕분에 버려진 산업시설에 작업실을 마련해 왕성하게 활동함으로써 킹스 크로스의 존재감을 유지했고, 한편으로 변화의 가능성까지 엿볼 수 있었다는 점이었다. 또한 쇠퇴와 무관하게 지형적으로 변함없는 런던의 심장부로서 킹스 크로스의 잠재력은 어떤 장소보다 컸다. 결국 '언제' 그리고 '어떻게' 반전의 계기가 마련될 것인가가 문제였다.

○ 최고의 역세권을 향해

1970~80년대에 킹스 크로스 일대의 활성화를 위해 제안된 계획들은 완전히 새로운 장소를 조성하는 재개발 수준의 마스터플랜에서부터 일부만 개조하는 개념에 이르기까지 흥미로운 아이디어들로 넘쳐났다. 그러나 앞서 지적했듯이 여전히 미래를 위한 지속가능성의 측면에서 한계를 넘어서지 못했다. 이러한 상황에서 다양한 논의를 거치면서 킹스 크로스가 런던의 심장부에 자리한 '대규모 역세권'이라는 본질적 정체성이 변화의 출발점이어야 한다는 인식이 공고하게 뿌리내렸다.

새로운 밀레니엄에 대한 논의가 활발하게 진행되는 가운데 1987년에 영국 의회는 영국과 프랑스 해협을 철도로 연결하는 '해저터널법The Channel Tunnel Act'을 수립해 영국과 유럽 대륙을 직접 연결하는 원대한 계획을 추진한다.[2] 이는 하늘과 바다가 아닌 육로를 통해 영국이 대륙과 연결되는 것이므로 유럽의 지형을 바꾸는 파격적인 시도였다. 영국은 물론이고, 유럽 전체에 엄청난 사회경제적 변화를 몰고 올 것이 자명했다.

영국과 프랑스의 긴밀한 공조로 유럽의회European Parliament의 승인과 세부 절차가 신속하게 마무리됨에 따라 다음 과제는 유럽과 영국을 연결하는 철도역을 결정하는 것이었다. 이곳은 영국에서는 대륙으로 향하는 고속철도의 출발점이고, 유럽에서는 대륙을 연계하는 고속철도의 종착점이었다. 논의 초기에는 킹스 크로스역의 지하가 유력한 대안으로 언급되었지만, 예상을 깨고 1994년에 최종적으로 세인트 판크라스역이 결정되었다. 세인트 판크라스역은 20세기 중반부터 기차역으로서의 기능을 상실했고, 이후 끊임없이 해체와 재개발 요구가 있었으므로 의외의 결정으로 여겨졌다.

비록 기능적 차이는 있었지만 세인트 판크라스역의 건축적 가치는 킹스 크로스역과 어깨를 견줄 만했다. 주철을 사용해 건립한 무주 공간으로서 길이 210미터, 폭 73미터, 높이 30미터에 이르는 당시 최고의 엔지니어링 기술이 낳은 결과물로 평가받았다. 이러한 역사적 중요성을 인정받아서 1967년에 보호건물로 지정되었고, 극적으로 유로스타의 종착역으로 결정됨에 따라 새로운 전기가 마련되었다.[3]

킹스 크로스역이 이미 기차와 지하철을 중심으로 국내 전역을 연계하는 교통 허브의 역할을 충실히 수행하므로 유로스타까지 동일한 역 안에 설치할 필요는 없었다. 오히려 적절한 거리를 두고 역할과 기능을 분담함으로써 보다 넓게 주변 일대의 활성화를 도모할 수 있었다. 단일 영역에 각기 다른 성격과 기능을 지닌 두 개의 기차역이 자리함으로써, 상징적으로나 실제적으로 킹스 크로스는 유럽을 대표하는 역세권으로 발돋움하리라 기대했다.

킹스 크로스역과 세인트 판크라스역을 연계한 대규모 역세권이 런던 전체에 몰고 올 사회경제적 파괴력은 상상을 초월할 만했다. 킹스 크로스역이 영국의 북쪽 지역과 런던 시내를 연계하고, 세인트 판크라스역이 유럽 대륙을 연계하는 역할 분담이 이루어짐으로써 전 세계 어디에도 유사한 사례가 없는 독특한 역세권이 탄생했기 때문이다. 특히 8만여 평에 달하는 주변 부지에는 여전히 상당수의 활용 가능한 산업용 건물과 시설 그리고 유휴지가 존재하고, '리젠트 운하Regent Canal'를 통해 높은 수준의 수변 공간과의 연계도 가능하다. 양적으로나 질적으로 최고의 역세권을 조성할 수 있는 조건을 갖춘 상태에서 유로스타가 그토록 기다리던 가시적인 출발점을 만들었다.

○ 한 장으로 제시한 '과정'의 중요성

1996년에 중앙정부는 런던 콘티넨털 철도London and Continental Railways와 계약 체결 후 본격적인 공사에 착수했고, '킹스 크로스 파트너십King's Cross Partnership'을 조직해 재생사업을 전담하도록 했다.[4] 사업을 시작한 지 약 1년이 경과한 1997년에 관할 구청인 캠든 카운슬, 런던 콘티넨털 철도, 킹스 크로스 파트너십은 킹스 크로스 재생사업의 장기적 비전과 방향을 담은 보고서를 발간했다. 이 보고서는 철저하게 경제적, 사회적, 환경적 측면에서 조화를 이룬 지속가능한 역세권을 강조했고, 과정에서 결과에 이르기까지 모든 단계를 투명하고, 합리적인 협의를 통해 추진하는 데 방점을 찍었다.

일련의 준비 과정을 마친 후 2001년 킹스 크로스 재생사업을 추진할 시행사를 공모했고, 제안서를 제출한 총 24개 개발회사 중에서 세 개 회사가 최종 후보로 선정되었다. 특이한 점은 '렌드 리스Land Lease'와 '에이앰이시AMEC'가 종합개발계획을 포함한 제안서를 제출한 것과 달리 '아전트Argent'는 단 한 장의 설명서만을 제출한 것이었다. 비록 공모 형식에 엄격한 규제가 없었지만 한 장의 설명서를 제출한 것은 파격적이었고, 이것이 최종 후보에 포함되었다는 사실은 더욱 놀라웠다.[5]

어떻게 가능했을까? 킹스 크로스 재생사업이 확정된 후에 약 5년여간 진행된 논의에 주목해야 한다. 런던을 넘어 영국 전체는 물론이고, 나아가 유럽에 몰고 올 엄청난 변화 때문에 1996년 이후 본 사업에는 다양한 의견과 대안이 이어졌다. 그러나 아이러니하게도 기대가 큰 만큼 어느 것도 쉽게 합의에 도달할 수 없었고, 이것이 약 5년 동안 진행된 논의를 통해 얻은 결론이었다. 그럼에도 불구하고 지속적인 논의 과정에서 킹스 크로스 재생사업과 관련된 대부분의 화두가 심도 있게 언급되고 다루어졌다는 사실은 무엇보다 중요했다. 모든 관계자들은 논의 자체가 추후 진행될 실질적 사업의 토대가 될 것이라

믿었다.

이러한 상황에서 아전트는 화려한 미사여구를 생략하고 킹스 크로스 재생사업이 성공하기 위한 핵심을 '과정'으로 집약했다. 아전트 또한 매력적이고 세밀한 제안서를 제출할 수 있었지만 오히려 그것이 비현실적이고, 위험성이 크다는 전제하에 어떤 과정을 통해 사업을 효과적으로 전개할 것인가에 대해서만 명확히 설명했다. 특히 충분한 시간을 가지고 지역 정치인 및 주민들과 소통하고, 합의안을 도출하기 위한 중재자로서의 역할을 강조했다.

형식을 탈피한 단 한 장의 파격적인 제안서에 담긴 아전트의 설명이 예상 외의 설득력을 지닌 이유는 두 가지로 요약할 수 있다. 첫째, 사업 시작 후에 5년여 동안 킹스 크로스 재생사업과 관련된 이해당사자들 간에 이미 상당한 견해 차이가 드러났다. 이로 인해 모두가 소통과 합의의 중요성과 어려움을 이해하고 있었다. 둘째, 아전트는 1993년부터 킹스 크로스와 여러 면에서 유사한 조건을 가진 버밍엄의 '브린들리플레이스Brindleyplace' 재생사업을 진행 중이었다. 본 프로젝트는 킹스 크로스가 등장하기 전까지 영국 전체에서 가장 큰 규모의 복합개발사업이었으므로 비록 한 장이지만 아전트의 제안은 유사한 사업을 추진하면서 축적한 노하우에 기반했다. 결국 과정의 중요성을 인지한 주체 측과 과정의 중요성을 강조한 시행사의 관점이 통한 것이다.

시행사가 결정됨에 따라 유로스타의 1차 공사가 완료되는 시점까지 모든 이해 당사자들이 모여 해당 분야의 전문가들과 논의하면서 구체적인 마스터플랜을 작성했다. 기록에 따르면 아전트는 약 5년 동안 관할 구청, 지역 정치인, 사업 주체 그리고 주민과 350여 차례의 공식적인 미팅을 가졌고, 더욱 놀라운 것은 개발팀이 약 4000회에 걸쳐 각 분야의 전문가들과 자문 회의를 진행했다는 것이다.

물론 횟수보다 중요한 것은 시행사인 아전트와 관할 구청이 킹스 크로스 재생사업을 일방적으로 제시하고 설득하기보다 지역 정치인, 주민, 상인의 입장과 생각을 듣는 데 집중했다는 점이다. 그런 후에 취합된 의견과 요구를 실행안으로 만들었고, 이를 주민들이 이해하고 동의하도록 유도했다. 비록 완벽하지는 않았지만 이해 당사자들의 만족도는 다른 사업과 비교할 수 없을 만큼 높았고, 관심과 참여율도 예상을 뛰어넘었다.

2006년에 최종 합의에 이른 마스터플랜은 원칙적으로 각종 비즈니스, 상업, 문화예술, 교육시설을 통한 경제 활성화 및 일자리 창출을 핵심으로, 공간적으로는 최고 수준의 공공성을 확보하는 것이었다. 본 마스터플랜의 두드러진 특징은 전체 부지의 40퍼센트를 다양한 공공공간으로 조성하고, 철저하게 보행자 중심으로 부지를 계획하며, 새롭게 공급되는 주택 중에서 35퍼센트 가량은 저렴한 임대주택을 포함할 뿐 아니라, 지역 주민을 위한 문화 및 여가시설을 확충하는 것이었다. 구체적인 숫자로 표현하면 10개의 공원과 광장, 20개의 거리, 3만여 평의 공공공간, 50여 개의 신축 건물, 2000여 채의 주택 등이다. 막대한 예산과 수많은 이해 당사자가 존재하는 상황에서 초기부터 일관되게 과정의 중요성을 강조한 아전트의 비전이 적절히 반영된 것이지만, 어느 것도 쉽게 성취할 수 없는 도전적 과제임에 틀림없었다.

○ 두 개의 역이 연출하는 서막

전체 8만여 평의 킹스 크로스 재생사업 부지에는 보호건물인 킹스 크로스역과 세인트 판크라스역 외에도 산업용 건물과 시설이 곳곳에 자리했다. 이러한 산업용 건물과 시설은 킹스 크로스의 역사적, 지역적 정체성을 드러내는 핵심이므로 마스터플랜에서는 산업유산을 최대한 보존 및 재활용하는 것을 강조했다. 이것이 킹스 크로스 재생사업을 높이 평가할 수 있는 이유다.

즉 단순 전면 재개발이 아니라, 기존의 부지 곳곳에 남은 건물과 새로운 건물이 적절히 어우러진 여러 개의 새로운 장소를 조성하고자 했다. 특히 중간중간에 다양한 규모와 형식의 공공공간을 설치해 기존 건물과 새로운 건물이 어우러지는 매개 역할을 하도록 계획했다.

먼저 2007년에 문을 연 세인트 판크라스역을 살펴보자. 외형적으로 세인트 판크라스역은 킹스 크로스역보다 화려하다. 건물의 전면인 남쪽이 기차역이 아니라 '세인트 판크라스 르네상스 호텔St Pancras

Renaissance Hotel'이기 때문이다. 이 호텔은 1868년에 세인트 판크라스역과 함께 건립되었고, 뱅크사이드 화력발전소를 디자인한 자일스 길버트 스콧의 할아버지인 조지 길버트 스콧George Gilbert Scott이 디자인했다. 당시에는 '미들랜드 그랜드 호텔Midland Grand Hotel'이었으나 1935년에 문을 닫았고, 이후 여러 차례 철거 위협과 마주했다. 그러나 세인트 판크라스역이 유로스타의 종착역으로 결정된 이후 2004년에 다시 호텔로 복원하는 계획이 승인되었고, 2011년에 내·외부 공간 모두 리노베이션을 마치고 세인트 판크라스 르네상스 호텔로 다시 문을 열었다.

중앙 홀에 기둥 없이 양측에 지지하는 방식으로 디자인된 세인트 판크라스역의 지붕은 몇 차례나 붕괴 가능성이 제기되었으므로 대규모 구조 보강이 이루어졌고, 유로스타가 들어오는 데 필요한 공간을 확보하기 위해 뒤쪽으로 길게 확장되었다. 세인트 판크라스역은 처음부터 기차가 진입하는 플랫폼을 지상에서 5미터 높이 위에 건설해 하부는 물류시설과 창고 등의 다목적 공간으로 계획된 독특한 구조다. 이러한 특성을 그대로 활용해 유로스타도 과거의 기차와 마찬가지로 상층부로 진입하고, 지상의 유휴 공간은 쇼핑몰, 레스토랑, 카페 등의 복합 상업공간으로 개조했다.

무엇보다 세인트 판크라스역의 백미는 빅토리안 양식의 고전 건물을 최대한 활용해 조성한 내부 공간이다. 유로스타가 진입하는 플랫폼은 새롭게 보강된 아치형 지붕과 천창으로 밝고 아늑하다. 실제 낮에는 인공조명이 거의 필요 없을 정도다. 또한 지상층의 유휴 공간을 활용해 조성한 쇼핑몰은 방문객이 세인트 판크라스역의 매력을 충분히 느끼게 한다. 연속된 아치형으로 이루어진 벽돌 구조를 상가의 모듈로 활용했고, 전면에는 유리를 설치해 고풍스러운 쇼핑몰의 느낌을 한껏 살렸다. 새로운 시대를 상징하고, 영국과 유럽 대륙을 연결하는 최첨단 초고속 열차가 진입하는 역사이지만, 19세기 건물과 공간을 고스란히 활용했다는 점에서 건축 재생의 정수라 평가할 만하다.

다음으로 2012년에 개장한 킹스 크로스역을 살펴보자. 1852년에 건립된 킹스 크로스역은 벽돌로 건립된 전형적인 빅토리안 양식이다. 기능적 역할을 훌륭히 수행했지만 대중들이 매력을 느낄 정도의 아름다운 건물은 아니었고, 심각하게 노후한 상태였다. 초기의 킹스 크로스 재생사업 계획과 이후 수립된 마스터플랜을 살펴보면 한 가지 흥미로운 점을 발견할 수 있는데 전체 부지를 상징하는 랜드마크를 건립하기 위한 특별한 전략이 없었다는 것이다. 대신에 활용 가능한 기존 건물을 리노베이션해 건축적, 공간적, 시각적 상징성을 확보하는 방안을 적극적으로 모색했다. 그러므로 킹스 크로스역의 리노베이션은 무엇보다 창조적 개념과 아이디어가 필요한 작업이었다.

킹스 크로스 재생사업 부지의 출발점이자 교통 허브로서 킹스 크로스역이 강력한 상징성을 확보해야 하는 것에는 이견이 없었다. 쉽지 않는 점은 이 작업이 기존 역사의 원형을 유지하면서 이루어져야 한다는 것이었다. 이 프로젝트를 맡은 건축가 존 맥아슬란John McAslan과 구조회사 오브 애럽은 기존 부지의 오른쪽에 자리한 중앙 홀을 새롭게 디자인하고, 중앙 홀을 덮는 철재 지붕을 설치하는 효과적인 방식을 선택했다. 직사각형 기차역에 절묘하게 연결된 직경 52미터의 반원형 구조물은 이질적 형태와 재료임에도 불구하고 본래의 킹스 크로스역과 조화를 이루는 데 성공했다.

중앙 홀의 지붕은 나무줄기를 연상시키는 유연한 곡선의 캐노피로 지지되어 넓은 무주 공간을 창조함으로써 내부에 진입한 이용객의 탄성을 자아낸다. 외부에서는 이 공간을 전혀 알아차릴 수 없기에 보다 극적인 감동을 유발한다. 새롭게 디자인된 중앙 홀은 열차 시간을 확인하고, 기다리는 대합실이자 휴식공간이다. 절제된 흰색 구조물은 내부 공간에서 빅토리안 시대의 황토색 벽돌과 대비되어 화려한 공간감을 연출한다. 특히 부드러운 곡선과 구조물의 실루엣을 두드러지게 하는 중앙 홀 지붕의 조명은 혁신적 디자인의 백미다. 이뿐만이 아니다. 부드러운 곡선으로 설치된 중층에 레스토랑과 카페를 마련해 기차를 기다리는 승객들을 위한 안락한 휴식공간이자 킹스 크로스역의 아름다움을 감상하는 조망대와 같은 공간을 제공한다.

런던올림픽을 앞두고 성공적으로 재개장한 킹스 크로스역은 건축적, 공간적, 기술적, 구조적으로 옛것과 새것의 완벽한 조화를 뽐낸다. 이것은 킹스 크로스 재생사업 전체가 추구하는 일관된 비전이라는 점에서 한 건물의 완성 이상의 의미를 내포한다. 이렇게 해서 킹스 크로스역은 전체 킹스 크로스 재생사업 부지의 출발점이자 상징 공간으로 자리매김하는 데 성공했다.

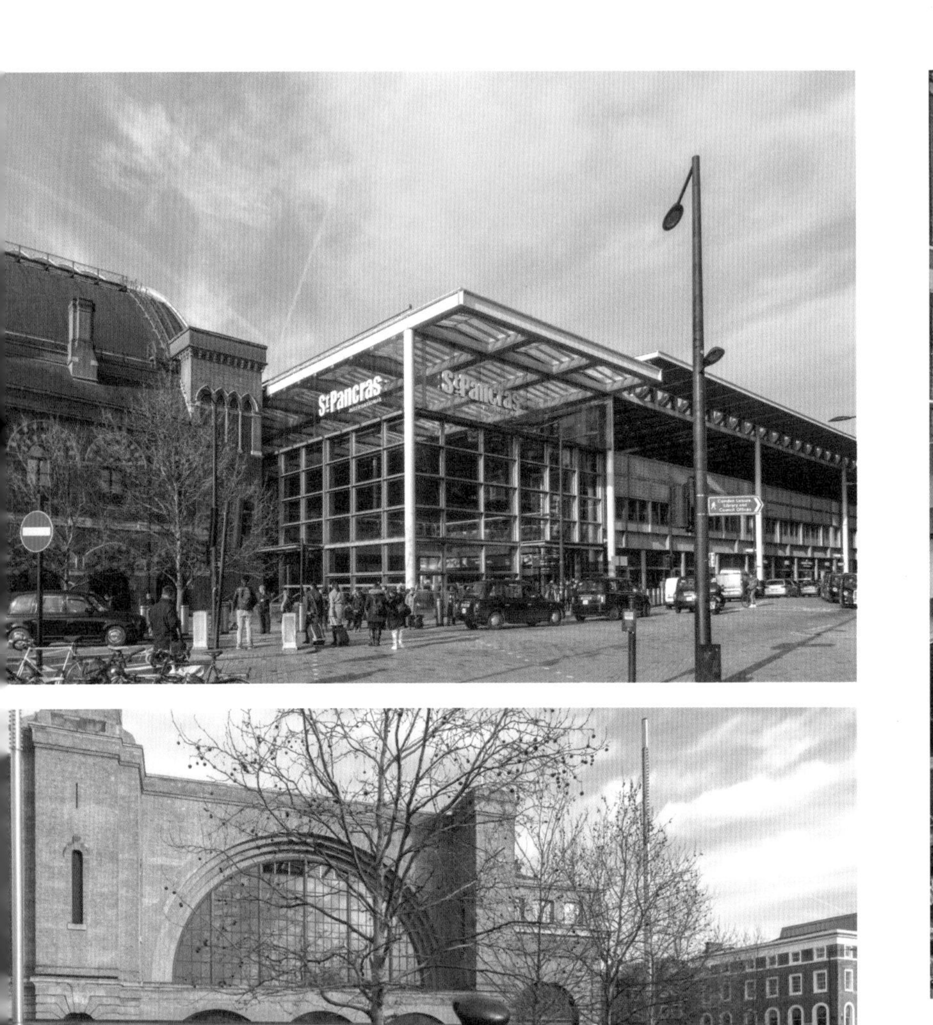
St Pancras
St Pancras

| 1 | 3 |
| 2 | |

1 유로스타의 출발지로서 기존의 기차역을 철골로 확장한 세인트 판크라스역
2 기존 역사의 원형을 유지한 킹스 크로스역 정면
3 빅토리안 양식의 하부는 쇼핑몰, 상부는 유로스타 플랫폼인 세인트 판크라스역 내부

Cash machines
little Waitrose
Meeting Point
ss St Pancras

우아한 곡선의 반원형 철골 지붕으로 조성한 킹스 크로스역 중앙 홀

○ 산업유산의 거듭된 화려한 부활

엄청난 규모의 유동 인구가 오가는 만큼, 킹스 크로스 도시재생사업 부지가 킹스 크로스역과 세인트 판크라스역을 중심으로 활발한 역세권으로 발전하리라는 예상은 어렵지 않다. 따라서 실질적으로 다음 단계에서 풀어야 하는 과제는 두 개의 역에서 도보로 7분여 가량 떨어진 북쪽 배후 지역과의 공간적 연계다. 이 지역은 리젠트 운하를 중심으로 조성된 전형적인 산업 및 물류 지역이었으므로 이미 극도로 낙후된 상태였다.

리젠트 운하를 마주하고 위쪽에 자리한 '화물 터미널goods yard'은 1852년에 건축가 루이스 큐빗Lewis Cubit이 계획했는데 그래너리 빌딩Granary Building, 기차 조립 창고The Assembly Shed, 동서 열차 기지The Eastern and Western Transit Sheds 등의 대규모 산업용 건물과 작업을 위한 부속 외부 공간으로 이루어졌다. 이러한 건물들은 역사적 가치는 충분했으나 건축적, 공간적으로 특별한 매력이 없고, 오랫동안 방치된 탓에 물리적으로도 매우 열악한 상태였다.

쉽지 않은 상황에서 극적인 전환점이 생겼다는 표현이 적절할 듯싶다. 2002년에 런던 예술대학The University of Arts London, UAL에 소속된 '센트럴 세인트 마틴스Central Saint Martins'가 그래너리 빌딩과 창고로 이전하는 계획에 전격적으로 합의한 것이다.[6] 그전까지 센트럴 세인트 마틴스는 런던 시내에 협소한 공간을 사용 중이었으므로 화물 터미널 부지의 1만

2000여 평 공간은 5000여 명의 학생과 교직원을 수용하는 예술대학으로서 훌륭했다.

내부 공간만이 아니다. 그래너리 빌딩의 전면에는 리젠트 운하와 마주한 대규모 야외 공간이 있으므로 학생과 시민 모두를 위한 최상의 공공공간까지 갖추어져 있었다. 여기에 측면에도 휴식, 전시, 주말 장터로 활용할 수 있는 넓은 공간이 마련되어 있었다. 건축가 스탠턴 윌리엄스Stanton Williams는 기존 창고의 원형을 유지하면서 교육공간을 중간에 끼워 넣었다. 건물의 앞뒤에서 보면 새로운 공간의 존재를 거의 알아차릴 수 없지만 내부에 들어서면 완전히 새로운 장소가 눈앞에 펼쳐진다.

콘크리트로 디자인된 4층 규모의 내부 공간은 예술대학답게 개방형 공간으로 계획되어 강의, 워크숍, 스튜디오, 실험실, 전시실 등의 다목적 기능에 훌륭히 부합된다. 하나의 거대한 도시를 연상시키는 내부 공간에서는 실시간으로 교수와 학생 간에 교류가 일어나고, 각기 다른 분야의 예술 작업을 접하면서 영감을 얻는다. 필요에 따라 공간을 구획해 다양한 전시나 행사를 개최할 수 있고, 진입부의 일부는 지역 주민들에게 개방해 커뮤니티와의 교류도 적극적으로 모색할 수 있다.

초기에 센트럴 세인트 마틴스가 그래너리 빌딩에 입주하는 것에 대한 부정적인 견해도 적지 않았다. 킹스 크로스 재생사업과 예술대학이 어우러질 수 있는지가 의문이었다. 그러나 2011년에 모든 공사가

1	2
	3

1 공공공간으로 변신한 그래너리 광장과 분수
2 정비된 리젠트 운하와 예술대학 센트럴 세인트 마틴스가 자리 잡은 화물 터미널 모습
3 기존 창고의 원형을 유지하며 리노베이션된 센트럴 세인트 마틴스 내부 모습

마무리되고 센트럴 세인트 마틴스가 이주하자마자 이 판단은 예상을 뛰어넘을 만큼 적절했던 것으로 판명되었다. 첫째, 대학의 특성상 이 일대가 지나치게 상업화되는 것을 막는 역할을 한다. 둘째, 예술대학이므로 학교 내·외부에서 왕성한 활동과 교류가 이루어짐으로써 주변이 활력을 찾는 원동력으로 작용한다. 셋째, 센트럴 세인트 마틴스를 중심으로 그래너리 광장이 킹스 크로스 재생사업 부지의 공공성을 강화하는 핵심으로 자리 잡았다.

두 개의 역과 센트럴 세인트 마틴스는 새롭게 조성된 보행 전용 거리인 '킹스 블루바드King's Boulevard'로 이어진다. 이 거리를 걷는 보행자를 아침부터 밤늦게까지 관찰해보면 센트럴 세인트 마틴스 학생들이라는 것을 알 수 있다. 즉 킹스 크로스 재생사업 부지의 한가운데를 관통하는 보행 전용 거리는 학생들로 언제나 활기를 띤다.

새롭게 조성된 특정 영역이나 장소를 활성화시키는 데는 안정적인 유동 인구가 중요한 역할을 하므로, 센트럴 세인트 마틴스의 이주는 예상을 뛰어넘는 성공이었다. 본 프로젝트가 2012년 한 해에만 영국왕립건축가협회The Royal Institute of British Architects, RIBA의 상을 포함해 13개의 각종 권위 있는 상을 수상한 이유는 디자인을 넘어 역사적, 사회적, 환경적, 기술적 가치를 포괄적으로 인정받았기 때문이다.

한편, 위치에 따라 약간의 차이는 있지만 그래너리 광장 근처에 접근하면 시선을 압도하는 독특한 건물이 눈에 들어오는데 바로 '가스홀더스 런던Gasholders London'이다. 1867년에 각기 다른 크기로 건립된 세 개의 가스 저장고의 구조체를 재활용해 공동주택을 디자인했다. 리젠트 운하 주변에 설립된 가스회사가 문을 닫은 후에 가스 저장고는 완전히 버려졌으나 산업 시대를 상징하는 시설로서의 역사적 가치를 인정받아 보호건물로 지정되었다. 킹스 크로스 도시재생사업이 본격적으로 시작된 이후 2002년에 현상설계를 통해 '윌킨슨에어 설계사무소WilkinsonEyre'가 당선되어 145세대를 수용하는 공동주택으로 새롭게 태어났다.

윌킨슨에어 설계사무소는 기존 가스 저장고의 구조적 형태를 유지하면서 각기 다른 크기의 주거공간을 끼워 넣는 방식으로 내부를 디자인하고, 세 개의 가스 저장고가 만나는 가운데에 다시 작은 원형의 중정을 설치하는 기발한 방식을 제안했다. 세계적으로 산업용 가스 저장고를 공동주택으로 바꾼 사례가 제법 있지만, 이처럼 세 개의 저장고를 합쳐서 하나의 공동주택을 디자인한 경우는 드물다.

이렇게 탄생한 각각의 주거는 공통적으로 외부로 개방되면서 동시에 중정 방향으로는 아늑한 공간을 갖는다. 또한 최상부에 옥상정원을 조성해 런던 시내를 감상하는 탁월한 조망공간을 제공한다. 아마도 런던 시내의 전경을 감상하는 장소로서는 다른 어떤 곳보다 최고라 할 만하다.

가스 저장고를 재활용하는 상상력은 계속되었다. 공동주택으로 변신한 가스홀더스 런던 옆에는 '가스홀더 넘버 8Gasholder No.8'으로 불리는 그야말로 창조적인 공원을 조성했다. 아마도 가스 저장고를 활용

Luxury

리젠트 운하 근처에 공동주택으로 재탄생한 가스홀더스 런던

한 세계 최초의 공원일 듯싶다. 높이 25미터, 직경 35미터를 구성하는 16개의 구조물을 해체해 수리 및 보강한 후에 가스홀더스 런던 옆으로 이동해서 본래의 모습대로 완벽하게 재조립했다. 그런 후에 원형의 안쪽에 녹지를 만들고, 주변에 앉아서 쉴 수 있는 벤치와 같은 의자를 원형으로 설치했다. 완성된 가스홀더 넘버 8은 바로 앞에 자리한 리젠트 운하와 어우러져 전 세계 어디에서도 경험하지 못하는 독특한 공원으로 재탄생했다. 가스홀더 넘버 8은 가스홀더스 런던의 거주자들과 인근 주민들을 위한 숨겨진 안식처임에 틀림없다.

가스홀더 구조체를 활용해 조성된 잔디 공원인 가스홀더 넘버 8

○ 콜 드롭스 야드, 런던의 새로운 아지트

센트럴 세인트 마틴스, 가스홀더스 런던 그리고 가스홀더 넘버 8이 창조적 재생의 분위기를 한껏 고조시켰다면 '콜 드롭스 야드Coal Drops Yard'가 방점을 찍었다. 이름에서 알 수 있듯 콜 드롭스 야드는 화물열차로 수송된 석탄과 각종 화물을 하역하는 창고와 야적지였다. 화물 터미널 부지의 서쪽에는 완만한 'ㅅ' 자 형태에 3층 규모의 건물 두 개가 1851년과 1860년에 건립되었고, 운하를 따라 관리사무실도 건립되었다. 그러나 창고의 기능을 완전히 상실한 채 방치되면서 1970~80년대에는 마약과 매춘이 성행하는 공간으로 변질되었고, 이내 런던에서 손꼽히는 우범지대로 전락했다. 또한 화재와 파손 등으로 구조적인 상태 또한 심각했으므로 거의 붕괴 직전이었다는 표현이 적절할 듯싶다.

킹스 크로스 재생사업이 활기차게 추진되는 가운데, 그래너리 빌딩과 광장을 찾은 방문객은 주변과 전혀 다른 분위기에 금방이라도 쓰러질 듯 방치된 두 건물의 존재를 의아하게 여기곤 했다. 아마도 선행 작업이 마무리되면 철거하고 새로운 건물을 건립하거나 광장 등을 조성할 것으로 짐작했을 것이다. 재활용할 수 있으리라 생각하는 것이 무리일 정도로 방치된 두 건물의 물리적 상태는 심각했다.

시작부터 세간의 예상을 뒤엎는 반전의 연속을 연출했던 킹스 크로스 재생사업은 콜 드롭스 야드에서 정점에 이르렀다. 센트럴 세인트 마틴스의 입주로 화물 터미널 부지 일대의 활성화가 빠르게 탄력을 얻자 2014년에 아전트는 영국을 대표하는 창조적 건축가인 토마스 헤더윅Thomas Heatherwick에게 콜 드롭스 야드에 방치된 두 개의 창고와 주변을 통합해 복합 쇼핑몰을 조성하도록 했다.

콜 드롭스 야드는 부지의 완만한 지형을 따라 시차를 두고 건립되었고, 규모와 구조 방식에도 차이가 있으므로 두 개의 창고는 사실상 별개로 존재했다. 그러나 헤더윅은 쓰러져가는 두 개의 창고를 하나로 통합하는 탁월하고, 파격적인 디자인을 제시했다. 엇갈려 배치된 두 동의 상부에 부드러운 곡선의 지붕을 각각 디자인했고, 두 개의 지붕은 마치 공중에 떠 있는 듯한 모습으로 가운데에서 만난다. 일명 '입맞춤하는 지붕Kissing Roof'이다!

상상을 초월한 헤더윅의 디자인을 구현하기 위해 오브 애럽이 구조 디자인을 담당했다. 중간에는 기둥이 없고, 대신에 두 개의 날렵하게 들어 올려진 지붕은 양측 창고와 연결된 54개의 철 기둥으로 지지되는 방식이다. 헤더윅의 디자인을 통해 콜 드롭스 야드는 기존과 전혀 다른 차원의 건물과 공간으로 다시 태어났다.

헤더윅의 상상력 가득한 디자인은 단순히 아름다운 차원을 크게 넘어선다. 지붕을 통해 통합된 두 개의 창고를 양측에 두고 일부는 덮이고, 일부는 개방된 매력적인 야외 광장이 탄생했기 때문이다. 이 광장은 쇼핑몰의 일부이지만 다목적으로 활용 가능한 새로운 공공공간이라는 점에서 의미가 크다. 실제로 마무리되자마자 이곳은 시민들이 즐길 수 있는 문화예술 행사와 공연은 물론이고, 독특한 전시가 진행됨으로써 이미 런던을 대표하는 명소로 발돋움했다.

완벽히 보강된 창고는 두 개 층으로 분리해 쇼핑몰로 조성했고, 그래너리 광장에서 경사로를 따라 편안하게 진입하는 산책로를 갖추었다. 보행자는 자연스럽게 아래층의 광장으로 향할 수도 있고, 발코니 형식으로 조성된 위층으로 올라갈 수도 있다. 한편, 동쪽 창고의 경우 광장의 반대 방향으로도 상가, 카페 등을 조성한 후에 작은 골목길 분위기를 살린 덕에 넓게 개방된 광장 쪽과는 전혀 다른 소박한 분위기를 연출한다.

콜 드롭스 야드가 마무리되면서 리젠트 운하를 따라 방치되었던 관리사무실들도 리노베이션을 마쳤다. 노동자들이 사용하던 보잘것없던 사무실들이었지만 이제는 어디에도 비교할 수 없을 만큼 매력적인 공간으로 탈바꿈했다. 운하 주변의 관리사무실들이 정비되면서 자연스럽게 그래너리 광장에서 가스홀더 넘버 8에 이르는 수변 산책로도 활력을 얻었다. 운하를 따라 조성된 수변 산책로는 분주한 역세권이라고 상상할 수 없을 만큼 한가로운 분위기를 연출한다.

2019년 공식 개장 후 콜 드롭스 야드는 쇼핑, 휴식, 여가, 오락 등이 어우러진, 런던의 젊은이들이 가장 사랑하는 장소로 거론될 정도다. 콜 드롭스 야드는 재생사업으로 산업유산이 경제적, 사회적, 환경적 조화를 이루면서 현대 도시에서 창조적 공간으로 재탄생할 수 있음을 명쾌하게 입증했다. 콜 드롭스 야드가 발산하는 공간의 힘은 상상을 초월한다.

1	2
	3

1 창조적인 지붕 디자인으로 런던 젊은이들이 가장 사랑하는 장소가 된 콜 드롭스 야드
2 카페와 다목적 공간으로 리노베이션된 리젠트 운하 주변의 창고들
3 산업용 창고가 상가와 카페로 재탄생한 콜 드롭스 야드의 골목길

Coal office.

○ 킹스 크로스의 새로운 심장부

초기 논의 과정에서 전문가들과 주민들이 킹스 크로스 재생사업을 긍정적으로 평가한 이유 중의 하나는 높은 비율의 공공공간과 보행친화형 디자인 때문이다. 그 출발은 킹스 크로스역 앞의 광장과 주변 공간이다.

전면 광장은 많은 차량이 통행하는 복잡한 거리였으나 이제는 기차와 지하철 이용객은 물론이고, 시민들이 편안하고 안전하게 이동할 수 있는 공공공간으로 바뀌었다. 또한 전면 광장과 연결된 일련의 주변 거리도 모두 보행자 전용으로 계획되고, 이용객들을 위한 적절한 외부 공간을 갖춤으로써 최상의 공공 환경을 제공한다. 특히 측면의 '배틀 브리지 플레이스Battle Bridge Place'는 기차와 지하철 이용객이 동시에 왕래하는 공간인데 벤치와 조경 그리고 대리석 바닥으로 세심하게 디자인해 새롭게 변모한 킹스 크로스 역세권의 이미지를 드러낸다.

한편, 지도를 펼치면 서쪽의 세인트 판크라스역, 동쪽의 킹스 크로스역 그리고 북쪽의 센트럴 세인트 마틴스와 콜 드롭스 야드의 한가운데 마치 섬처럼 존재하는 삼각형 부지를 볼 수 있다. 경제적 관점에서 이 장소를 어떻게 활용하는가는 두말할 필요 없이 킹스 크로스 재생사업의 경제적 성패를 좌우했다. 이에 아전트는 전략적으로 이곳을 복합 업무지구로 계획했다.

출발은 삼각형 부지의 중앙에 새로운 공공공간인 '판크라스 광장

Pancras Square'을 조성하는 것이었다. 완만한 단차를 활용해 물과 자연이 어우러진 정원을 만들고, 주변에 조경과 거리 가구를 세심하게 설치해 휴식을 취할 수 있는 광장을 조성했다. 판크라스 광장은 순수한 보행자 전용 공간이고, 삼각형 부지의 형상에 맞추어 몇 개의 건물이 에워싼 형태이므로 내부에 들어서면 번잡한 기차역 주변이라고 느낄 수 없을 만큼 아늑하다.

이렇게 고급스럽게 조성된 부지의 한가운데 '구글Google'이 들어옴으로써 자연스럽게 판크라스 광장의 분위기와 특성이 정해졌다. 유럽은 물론이고, 영국 대부분의 지역 그리고 런던 시내가 기차와 지하철을 통해 유기적으로 연계된 역세권이므로 국내·외를 막론하고 세계적인 기업들이 관심을 갖는 것은 당연했다.

정부의 재정적 지원과 별개로 도시재생사업이 지속가능하기 위해서는 복합 업무지구의 조성과 운영이 필수적이다. 안정적인 임대 수입은 물론이고, 구글과 같은 기업은 주변의 환경 개선을 위한 투자에 적극적이기 때문이다. 예상대로 구글을 중심으로 판크라스 광장에 입주한 기업들은 높은 수준의 공동체 의식을 가지고 킹스 크로스 재생사업의 성공을 위해 적극적으로 협력했다.

판크라스 광장이 새로 조성된 공공공간이고, 이를 중심으로 고급스러운 업무공간으로 자리 잡은 반면, 광장의 뒤편에는 리젠트 운하 방향으로 새로운 다목적 거리인 킹스 블루바드가 조성되었다. 킹스 블루바드는 쇼핑 거리이지만 런던에서 보기 드물게 도로 폭을 전략적으로 넓게 계획해 다목적 활용이 가능하다. 앞서 강조했듯이 킹스 블루바드는 킹스 크로스 부지 한가운데 위치한다는 점에서 실제적으로나 상징적으로 향후 중심 거리로 발돋움할 것이다.

현재 킹스 블루바드는 대규모 설치미술을 통한 야외 전시장으로 활용 중이고, 특정 기간이나 주말에는 개성 넘치는 먹거리 장터로도 사용된다. 2018년에는 조명을 이용해 도시를 장식하는 행사인 '런던 루미에르 페스티벌London Lumiere Festival'이 개최되었는데, 런던을 대표하는 여섯 개 장소 중의 하나로 킹스 블루바드가 선정되기도 했다. 이곳에 평소 사용하는 탁상용 램프를 거대한 규모의 조각물로 설치함으로써 새로운 거리의 탄생을 축하했고, 많은 방문객으로부터 사랑받았다.

○ 21세기의 런던다움을 완성해가는

킹스 크로스 재생사업은 한마디로 정의하는 것이 불가능할 만큼 다양한 특성을 지닌다. 그럼에도 불구하고 한마디로 정의하면 '보행 친화형 활성화사업'이라 할 것이다. 전체 8만여 평의 사업 부지에서 차량이 출입할 수 있는 공간은 손에 꼽을 정도이고, 거의 모든 공간이 보행 중심이다. 앞서 설명한 일련의 프로젝트 중에서 서비스 차량을 제외하고 일반인의 차량 출입이 가능한 장소는 단 한 곳도 없다. 그야말로 대단한 성취가 아닐 수 없다.

부지 전체가 보행 중심이므로 곳곳에 자리 잡은 공공공간은 큰 시너지 효과를 낸다. 매일 엄청난 수의 유동 인구가 오가지만 킹스 크로스 재생사업 부지는 곳곳에 충분한 양과 규모의 공공공간이 존재하므로 한가하게 느껴진다. 킹스 크로스 재생사업이 보행을 중심에 두고, 충분한 공공공간을 마련한 것은 무엇을 의미할까? 사람을 최우선으로 한다는 것이다. 과연 이보다 중요한 것이 무엇일까?

런던에 거주하며 15년 넘게 관찰 중인 킹스 크로스 재생사업은 마주하는 것 자체가 큰 즐거움이다. 돌이켜보니 평균 6개월 정도면 적어도 한두 가지씩은 변했던 것 같다. 킹스 크로스 재생사업은 앞으로 적어도 몇 년, 경우에 따라 몇 십 년 이상 더 추진될 수도 있다. 그동안 여러 가지 변수로 지체된 것을 감안하더라도 사업 계획상으로는 향후 5년 내에 사업이 모두 마무리되어야 하지만, 추진 과정에서 계속 새로운 기회를 발굴했고 창조했기에 사업이 예상보다 연장될 가능성이 크다.

런던은 옛 건물과 새 건물이 독특한 방식으로 공존하고, 그 과정에서 성공과 실패 사례가 끊임없이 등장한다. 킹스 크로스 재생사업도 예측하기 어려울 정도로 변화무쌍하게 진화 중이다. 그렇지만 한 가지 분명한 사실은 크고 작은 모든 결과가 이해 당사자들의 치열한 협의와 이를 뒷받침하는 전문가의 창조적, 혁신적, 헌신적 노력에 의한 것이라는 점이다. 20년 넘게 흔들림 없이 추진 중인 킹스 크로스 재생사업이 하나씩 맞춰가는 퍼즐은 다름 아닌 21세기의 런던다움이다.

1 물과 자연이 어우러져 아늑한 분위기의 판크라스 광장
2 런던에서 가장 넓은 다목적 거리로 조성된 킹스 블루바드
3 킹스 블루바드에서 진행된 런던 루미에르 페스티벌 모습

JIGSAW

런던은 끊임없이 진화한다

18세기 영국의 시인 새뮤얼 존스Samuel Johnson은 "런던이 지루하면 삶이 지루한 것이다"라고 말했다. 이 표현은 런던을 설명할 때 여러 분야에서 인용되곤 하는데 도시재생도 해당된다. 이 책에서 다룬 10개의 사례를 포함해 런던에서는 20세기 후반부터 현재까지 수많은 도시재생 사업이 추진되었고, 그때마다 많은 논의의 장이 펼쳐졌다. 따라서 도시재생과 연관해 지루할 틈이 없을 만큼 다양한 결과물이 등장했고, 담론도 전개되었다.

이 책에서 소개한 사례들을 적게는 수십 번, 많게는 수백 번 방문했고, 관련 전문가들과 여러 차례 토론하고, 대화도 나누었다. 이러한 일련의 과정을 통해 런던이 끊임없이 진화하는 도시라는 결론을 얻었다.

런던이 진화한다는 것은 어떤 의미일까? 도시는 시간이 흐르면서 지속적으로 변하는데 그 변화가 늘 긍정적이지만은 않으며, 특히 쇠퇴는 도시가 낳은 피할 수 없는 부정적 현상이다. 10개의 사례를 통해 살펴보았듯이 런던은 쇠퇴를 해결하기 위해 치열하게 도전하고, 실험하고, 반성하고, 실천했다. 이 과정에서 크고 작은 실패와 마주했지만, 이에 굴하지 않고 조금씩 개선하면서 앞으로 나아갔다. 이것이 바로 런던이 진화해온 방식이다.

도시재생을 거치며 다져진 런던의 진화가 가볍지 않은 이유는 진화를 거듭하면서 정치인, 전문가, 시민의 관심과 참여가 늘어나고, 그 범위도 계속 확대되기 때문이다. 어떻게 하나의 도시재생사업을 수행하며 수백 번의 회의를 할 수 있을까? 어떻게 공공과 민간이 효과적으로 협력하며 도시재생사업을 추진할 수 있을까? 어떻게 부동산회사가 도시재생사업을 주도할 수 있을까? 어떻게 시민들이 도시재생사업에 자발적으로 참여할 수 있을까? 어떻게 오랫동안 불편함을 감수하고 이해할 수 있을까? 어느 것 하나 쉽지 않은 질문이지만, 이에 대한 공통된 답은 시행착오를 거치며 축적한 노하우에서 찾을 수 있다. 다시 말해, 진화를 거치며 쌓은 노하우가 불가능해 보이는 일을 가능하게 만든 굳건한 힘이다.

런던의 재생 과정이 우리 도시의 재생 과정과 같을 수 없고, 딱히 그래야 할 이유도 없다. 그러나 런던의 재생 과정을 들여다보는 것은 우리 도시의 재생을 위한 실마리를 찾을 수 있다는 점에서 충분히 가치가 있다. 런던이 런던답게 재생되듯 우리 도시는 우리 도시답게 재생될 수 있기를 기대한다.

1. 사우스 뱅크, 모두를 위한 휴식처이자 아지트

1. Jeffrey A. Auerbach, *The Great Exhibition of 1851: A Nation on Display*, Yale University Press, 1999.
2. Charlotte Mullins, *A Festival on the River: The Story of Southbank Centre*, Penguin Books, 2007.
3. Patricia S. Aelbrecht, The Complex Regeneration of Post-War Modernism: London's Southbank Centre's Masterplan, *Urban Design International*, Vol.22(4), 2017, pp.331-348.
4. Tim Brindley, Community Roles in Urban Regeneration: New Partnerships on London's South Bank, *City*, Vol.4(4), 2000, pp.363-377.
5. 김정후, 「21세기 런던의 도시 르네상스」, 《황해문화》, Vol.59, 2008, pp.157-178.
6. Tony Travers, London After Abolition, *Local Government Studies*, Vol.16, 1990, pp.105-116.

2. 테이트 모던, 삶과 예술을 품은 문화 기지

1. 김정후, 『유럽건축 뒤집어보기: 감성과 이성의 경계에서 유럽을 말하다』, 효형출판, 2007.
2. Nicholas Serota & Donald Hyslop, Art and Culture in Regeneration: Tate Modern, Bankside and London, *Journal of Urban Regeneration & Renewal*, Vol.4(4), 2011, pp.328-336.
3. Karl Sabbagh, *Power into Art: The Making of Tate Modern*, Penguin Books, 2001.
4. 김정후, 「유럽의 건축문화기반 도시재생」, 《건축과 도시공간》, Vol.13, 2014, pp. 49-61.
5. Gavin Stamp, The Battle for Battersea: Britain's Great Power Station Faces an Uncertain Future, *ICON*, 2004, pp.22-27.
6. Rowan Moore & Raymund Ryan, *Building Tate Modern: Herzog & De Meuron*

Transforming Giles Gilbert Scott, Tate Gallery Publishing, 2000.
7. Caroline Donnellan, *Towards Tate Modern: Public Policy, Private Vision*, Routledge, 2016.

3. 밀레니엄 브리지, 런던 남북의 진정한 통합을 향해

1. 김정후, 「런던의 포스트카드를 바꾼 세 개의 밀레니엄 프로젝트」, 《문화관광연구원》, Vol.192, 2007, pp.57-61.
2. Pat Dallard et al., The London Millennium Footbridge, *The Structural Engineer*, Vol.79(22), 2001, pp.17-33.
3. Tony Fitzpatrick, *Linking London: The Millennium Bridge*, The Royal Academy of Engineering, 2001.
4. Deyan Sudjic, *Blade of Light: The Story of the Millennium Bridge*, Penguin Books, 2002.
5. Richard Sennett, The Open City, *Urban Age Essay*, 2006.
6. 김정후, 「런던의 랜드마크 경관보호 정책」, 《국토》, Vol.307, pp.81-94.

4. 런던시청, 수변 재생의 꽃을 피우다

1. Donald Mcneill, Livingston's London: Left Politics and the World City, *Regional Studies*, Vol.36(1), 2002, pp.75-80.
2. Diane Armpriest & Bruce Haglund, A Tale of Two City Halls: Icons for Sustainability in London and Seattle, *Eco-Architecture*, Vol.86, 2006, pp.133-142.
3. 김정후, 「런던의 이미지를 바꾼 랜드마크: 30 세인트메리엑스와 런던시청」, 《문화관광연구원》, Vol.198, 2008, pp.63-67.
4. Andrea Gonzalez, *London City Hall: A Holistic Design Approach*, Emerging Technologies, 2011.

5. 샤드 템스, 런던의 보물로 변한 화물 창고

1. Nick Green, The Space of Change: Artists in the East End 1968-1980, *Rising East*, Vol.3(2), 1999, pp.20-37.

2. Peter Newman & Ian Smith, Cultural Production, Place and Politics on the South Bank of the Thames, *International Journal of Urban and Regional Research*, Vol.24(1), 2000, pp.9-24.
3. Barnaby Lenon, The Geography of the 'Big Bang': London's Office Building Boom, *Geography*, Vol.72(1), 1987, pp.56-59.
4. Southwark Council, *Tower Bridge Conservation Area Appraisal*, Southwark Council, 2003.
5. Historic England, *Wheat Wharf: Grade II Listed Building*, Historic England, 1998.

6. 파터노스터 광장, 과거와 현재가 어우러진 공공공간

1. Ralph Merrifield, *London: City of the Romans*, University of California Press, 1983.
2. Derek Keene et al., *St. Paul's: The Cathedral Church of London 604-2004*, Yale University Press, 2004.
3. Walter Thornbury, *Old and New London: Volume 1*, Cassell, Petter & Galpin, 1878.
4. Academy, *Paternoster Square and the New Classical Tradition*, John Wiley & Sons, 1992.
5. The Prince of Wales, *A speech at the Corporation of London Planning and Communication Committee's Annual Dinner*, Mansion House, 1987.
6. Historic England, *Translating Good Growth for London's Historic Environment*, Arup, 2017.

7. 올드 스피탈필즈 마켓, 매력적인 도시형 재래시장

1. Patrik Aspers, *Markets*, Economy Society, 2011.
2. Gabriella E. D. Vita & Stefania Ragozino, Natural Commercial Centres: Regeneration Opportunities and Urban Challenges, *Advanced Engineering Forum*, Vol.11, 2014, pp.392-401.
3. Fiona Rule, *The Worst Street in London*, The History Press, 2008.

4. Susan S. Fainstein, Government Programs for Commercial Redevelopment in Poor Neighborhoods: The Case of Spitalfields in East London and Downtown Brooklyn, NY, *Environment and Planning A*, Vol.26(2), 1994, pp.215-234.
5. Rachel Woodward, *Saving Spitalfields: The Politics of Opposition to Redevelopment in East London*, Queen Mary and Westfield College, University of London, 1991.
6. Ksawery Sabbat, *Foster's Spitalfields: Trial and Error and the Tension Behind Its Redevelopment*, WordPress, 2015.

8. 브런즈윅 센터, 이상적인 도시형 주상복합 공동체

1. Ben Highmore, *The art of Brutalism: Rescuing Hope from Catastrophe in 1950s Britain*, Yale University Press, 2017.
2. Alexander Clement, *Brutalism: Post-War British Architecture*, The Crowood Press, 2011.
3. Clare Melhuish, Towards a Phenomenology of the Concrete Megastructure: Space and Perception at the Brunswick Centre, London, *Journal of Material Culture*, Vol.10(1), 2005, pp.5-29.
4. Stuart Tappin, The Brunswick Centre, Marchmont Street, London, WC1, *The Architectural Review*, October, 1972.
5. Steven Fielding, *The Labour governments, 1964-70, volume 1: Labour and Cultural Change*, Manchester University Press, 2003.
6. Mark Swenarton, Politics, Property and Planning: Building the Brunswick, 1958-74, *The Town Planning Review*, Vol.84(2), 2013, pp.197-226.
7. Bruce Stewart, The Brunswick Centre Marchmont Street London WC1, *Architectural Design*, 2005, pp.131-134.

9. 런던 브리지역, 기차역이 실어온 활성화의 원동력

1. Samuel Smiles, *The Life of George Stephenson, Railway Engineer*, Cambridge University Press, 2013.

2. John Armstrong & Terry Gourvish, London's Railways: Their Contribution to Solving the Problem of Growth and Expansion, *Japan Railway and Transport Review*, Vol.23, 2000, pp.4-13.
3. Michael Robbins, London Railway Stations, *The London Journal*, Vol.1(2), 1975, pp.240-266.
4. Stuart J. Alexander, A Regional Metro for London, *Transport*, Vol.153.(1), 2002, pp.25-34.
5. 김정후, 「런던의 고층건물 관리정책과 시사점」, 《국토》, Vol.310, 2007, pp.52-63.
6. Roma Agrawal et al., The Shard at London Bridge, *The Structural Engineer*, Vol.92(7), 2014, pp.18-30.
7. Kheir Al-Kodmany, *The Vertical City: A Sustainable Development Model*, WIT Press, 2018.
8. Grimshaw Architects, *London Bridge Station Redevelopment: Design and Access Statement*, Grimshaw Architects, 2011.

10. 킹스 크로스, 하나씩 맞춰가는 21세기 런던의 퍼즐

1. Simon Bradley, *St Pancras Station*, Profile Books, 2007.
2. Richard A. Gibb & Stephen J. Essex, The Role of Local Government in the Planning and Consultation Procedures for the Channel Tunnel, *Applied Geography*, Vol.14(1), 1994, pp.51-67.
3. Eleni Makri, St Pancras Station, London: A Case Study in Matching Historic Brickwork, *ASCHB Transactions*, Vol.29, 2006, pp.44-53.
4. Peter Bishop & Lesley Williams, *Planning, Politics and City Making: A Case Study of King's Cross*, RIBA Publishing, 2016.
5. Stale Holgersen & Havard Haarstad, Class, Community and Communicative Planning: Urban Redevelopment at King's Cross, London, *Antipode*, Vol.41(2), 2009, pp.348-370.
6. Sarab Gilmour, Regeneration King's Cross: the Central Saint Martin's College of Art Relocation Project, *Art Libraries Journal*, Vol.36(1), 2011, pp.22-27.